Ferdinand Wüstenfeld

Die Wohnsitze und Wanderungen der arabischen Stämme

Ferdinand Wüstenfeld

Die Wohnsitze und Wanderungen der arabischen Stämme

ISBN/EAN: 9783743352377

Hergestellt in Europa, USA, Kanada, Australien, Japan

Cover: Foto ©ninafisch / pixelio.de

Ferdinand Wüstenfeld

Die Wohnsitze und Wanderungen der arabischen Stämme

Die
Wohnsitze und Wanderungen
der
ARABISCHEN STÄMME.

Von

F. Wüstenfeld.

Aus dem vierzehnten Bande der Abhandlungen der Königlichen Gesellschaft der Wissenschaften zu Göttingen.

Göttingen,
in der Dieterichschen Buchhandlung.
1869.

Vorwort.

Ueber die Geschichte der Ureinwohner Arabiens, der Stämme 'Ád, Thamúd, Tasm und 'Gadís, haben sich zwar nur sehr vereinzelte Nachrichten erhalten, doch sind diese schon von den Arabischen Geschichtschreibern in einen gewissen Zusammenhang gebracht und dadurch bekannt geworden. Diese Stämme haben sich theils unter einander selbst aufgerieben, theils mit der nachfolgenden zweiten und dritten Bevölkerung vermischt, so dass sie ihre Selbständigkeit verloren und schon viele Jahrhunderte vor dem Islám als erloschen zu betrachten sind. Wie dann die zweite und dritte Bevölkerung, jene, die Jemenischen Stämme seit dem sechsten, diese, die Ismâ'ilitischen, seit dem vorletzten Jahrhundert vor unserer Zeitrechnung sich auf der Halbinsel ausbreiteten, wie sie die meist herrenlosen Gebiete durchzogen, den besten Weiden für ihre Heerden nachgehend, wie sie um diese stritten oder aus anderen Veranlassungen lange und blutige Kämpfe führten und sich trennten, bis nicht sehr lange vor Muhammed fast jede Völkerschaft einen ziemlich bestimmten Wohnsitz eingenommen hatte, — das wird uns in einzelnen Zügen in einer Menge gleichzeitiger historischer Lieder geschildert, und die späteren Araber sind bemüht gewesen zum näheren Verständniss derselben die darauf bezüglichen Thatsachen nach den alten Ueberlieferungen aufzuzeichnen. Indess ist eine zusammenhängende Darstellung und eine genaue Angabe jener Wanderungen und dieser Wohnsitze bisher unter uns nicht versucht worden, und es schien mir desshalb passend damit einen Anfang zu machen durch die Veröffentlichung der Vorrede des Abu Obeid el-Bekrí zu seinem geographischen Wörterbuche, welche sich ausschliesslich mit diesem Gegenstande beschäftigt. Zwar habe ich einen Theil davon schon in dem Register zu meinen genealogischen Tabellen bei den einzelnen Namen benutzt, allein diese dadurch auseinander gerissenen Notizen gewähren keine Uebersicht über das Ganze, und die Gedichte sind darin ganz unberücksichtigt gelassen; man wird aber gut thun zum Verständniss die genealogischen Tabellen zu Hülfe zu nehmen.

Den Nachrichten des Bekrí liegen ältere namhafte Werke zum Grunde, die uns nicht mehr erhalten sind, und wenn sie auch keineswegs auf Vollständigkeit Anspruch machen können, so werden sie doch einen ganz passenden Rahmen abgeben, in welchen sich andere zerstreute Notizen einreihen lassen. Besonders wird es noch darauf ankommen, mit Hülfe der Genealogien und anderer Angaben die Zeit dieser Wanderungen zu bestimmen, dann aber auch in jedem Gebiete die Namen der Niederlassungen seiner Bewohner, die Namen der Städte und Dörfer, der Berge, Thäler, Gewässer, Brunnen, Weideplätze u. d. gl. nachzutragen, wozu ein reichhaltiges Material vorhanden ist, um sich daraus ein Bild zu entwerfen, wie Arabien kurz vor und zu Muhammeds Zeit aussah, denn auf diese Periode beziehen sich die meisten derartigen Angaben, ehe die Strömungen nach aussen dem Lande wieder ein anderes Ansehen gaben, wiewohl auch nicht wenige Stämme bis auf den heutigen Tag ihre alten Wohnsitze inne haben.

Da Jâcût zum Theil dieselben älteren Werke benuzte wie Bekrí, so finden sich bei beiden viele gleichlautende Stellen, von denen ich die hauptsächlichsten angemerkt habe; indess kommen in den Gedichten nicht selten auch ganz abweichende Recensionen vor, die also aus verschiedenen Quellen geschöpft sein müssen; auch in dem Kitâb el-agâni werden sich manche Stücke wörtlich wiederfinden.

Abu 'Obeid 'Abdallah ben 'Abd el-'Azîz el-Bekrí, ein ausgezeichneter Feldherr, Gelehrter und Dichter Spaniens, welcher im J. 487 (1094 Chr.) starb, hat mehrere bedeutende Werke verfasst, von denen uns zwei geographische erhalten sind, das eine, die Beschreibung von Africa, ist durch die Ausgabe von Slane bekannt, das andere, ein geographisches Wörterbuch, war im Orient sehr geschätzt, aber so selten, dass Jâcût, der weitgereiste, gelehrte Buchhändler, kein Exemplar davon aufgefunden hatte und es sehr bedauert, dasselbe nicht haben benutzen zu können. Wir besitzen davon drei Handschriften, zu Leyden, Cambridge und Mailand, von denen die beiden ersten bei unsrer Uebersetzung benutzt werden konnten. Die Geschichte der Cambridger Handschrift, wie sie in der Unterschrift erzählt wird, ist so eigenthümlich und merkwürdig, dass es wohl der Mühe werth ist, sie hier in der Kürze wiederzugeben. Der Codex besteht aus einem alten Fragment und einer neuen Ergänzung. Das alte Fragment gehörte zu einem Exemplare, welches aus drei Bänden bestand und enthält von diesen den grössten Theil des zweiten Bandes. Es ist dies eine der besten Arabischen Handschriften, die wir haben, in schöner Magribinischer Schrift geschrieben, vollständig vocalisirt und fast ganz fehlerfrei. Dieses Fragment kam in den Besitz des Ḥanifitischen Gelehrten Ibrâhîm ben Suleimân ben Muḥammed ben 'Abd el-'Aziz el-'Ginîní zu Damascus, welcher aus einem ebenfalls alten Magribinischen Codex, der vom J. 585 (1189 Chr.) datirt und mit der Original-Handschrift des Bekrí verglichen war, das fehlende Stück im zweiten Theile دوغان bis طيبة und den dritten Theil von ن bis zum Schluss im J. 1095 (1684 Chr.) ergänzte. Von dem ersten Theile konnte er lange Zeit kein Exemplar auftreiben, bis ihm nach dreijährigen Bemühungen sein Freund, der Scheich Ḥasan Agîmí aus Mekka meldete, dass dort ein Codex des Bekrí aus Aegypten angekommen sei. Auf Ibrâhîms Wunsch nahm Ḥasan hiervon eine Abschrift und sandte sie nach Damascus, wo Ibrâhîm dann den ersten Theil bis حبيل im J. 1100 (1689 Chr.) für sein Exemplar copierte. — Auch diese Ergänzungen sind im Ganzen sehr correct und mit vielen Vocalen versehen.

Der Leydener Codex enthält hier und da, besonders am Schlusse der Artikel, Zusätze und 242 Artikel mehr als der Cambridger, und es liegt die Vermuthung nahe, dass Bekrí eine zweite vermehrte Ausgabe besorgt habe, wiewohl auch der Cambridger Codex einige grössere Stellen und 30 Artikel enthält, welche in dem Leydener fehlen.

Die Vorrede des Abu 'Obeid el-Bekrí zu seinem geographischen Wörterbuche.

Im Namen Gottes des barmherzigen und erbarmenden!
Ihn flehen wir um Beistand an.

Gelobt sei Gott, wie es erforderlich ist, um seiner Gnade theilhaftig zu werden! und Gottes Segen über Muhammed, seinen Propheten, welchen er auserkohren und zu seiner Sendung erwählet und auserlesen hat! In diesem Buche معجم ما استعجم d. i. alphabetisches Lexicon unbekannter Namen, habe ich alles erwähnt, was in der Ueberlieferung, den Erzählungen, Nachrichten und Gedichten von Niederlassungen, Ländern, Ortschaften, Städten, Bergen, Denkmälern, Gewässern, Brunnen, Wohnplätzen, und steinigten Gegenden vorkommt, wonach sie benannt und wo sie gelegen sind, geordnet nach den Buchstaben des Alphabets mit genauer Angabe der Aussprache. Als ich nämlich sah, dass dies den Leuten unbekannt war, wünschte ich dadurch, dass ich die Form und richtige Aussprache jedes Ortes angäbe, ein solches Licht zu verbreiten, dass darüber kein Zweifel und keine Ungewissheit übrig bliebe. Abu Málik el-Ḥadhramí sagt: Oftmals sind die einzelnen Bestandtheile eines Wortes nicht hinlänglich bekannt und deshalb bleibt auch das Ganze unverständlich, denn das Richtige kann hierin nicht durch Nachdenken und Scharfsinn erreicht werden, wie man die Ableitung anderer Nomina auffindet, und wie viele Namen von Orten giebt es, die bei übereinstimmenden Schriftzügen ganz verschiedene Bedeutung haben, z. B. تاجّة und

باعجة, تبتل u. تيتل, نخلة u. نحلة, ساية u. شابة, النَّقِرة u. النُّقْرة, جُنْد u. جَنَد, جُسان u. خَشّان, جبجب, u. حبجب, سنام u. شبام, سَلْع u. سَلَع, الحُوب u. الحَوْءب, قَرْن u. قَرَن, جُفاف u. جفاف, حُت u. خُت, تِرْيَم u. تَرِيم, تهامة u. نهامة mit *n*, خزاز, جرار u. حراز, und ebenso wo der grössere Theil der Buchstaben einander ähnlich ist, wie in سمن mit *n* und سمى mit *j*, شمام mit *m* u. سقام mit *k*, شابة mit *b* u. شامة mit *m*, نملى mit *n*, تلى mit *k* u. خملى mit *ch*, جرزان mit *z* u. جرذان mit *ds*, الاوة u. اعلة mit Umstellung des *h* vor *l*, القاعة u. القاحة. Schon in alter Zeit haben die Leute in ähnlichen Fällen Fehler begangen; so sagt Ibn Cuteiba: eines Tages wurde bei el-Açmâ'í aus einem Gedichte des Abu Dsuweib der Vers vorgetragen:

1) welcher unterhalb Dsât el-Deir ihr Junges genommen wurde,
so dass sie schon zwei Tage trauert und die Milch ihr vergangen ist.

Da sagte ein Araber, der in der Versammlung zugegen war, zu dem Vortragenden: Du irrst dich, der Name ist Dsât el-Dabr mit *b* und das ist ein Hügel in unserer Gegend. Für die Folge nahm el-Açmâ'í diese Verbesserung an. Aehnlich sagt Abu Hâtim: Ich las bei Açmâ'í in einem Gedichte des Râ'i:

Sie stiegen in Wâdi l-Omajjir hinab, nachdem ein den Röhricht
bewässernder Regen mithelfend die Wüste bedeckte.

Da sagte ein Araber: Wâdi l-Omajjir kenne ich nicht; worauf ich erwiederte: in dem Buche des Abu 'Obeida steht Wâdi Dalâmîd; auch dieses, entgegnete er, kenne ich nicht, vielleicht ist es Galâmid, so dass das g (im Schreiben) von dem *l* getrennt wurde. Abu Hâtim bemerkt hierzu, nach der Ueberlieferung des Ibn Gabala heisse es Wâdi l-Omajjil, aber alle diese Namen seien unbekannt. So giebt es viele Gelehrte, welche über den Namen eines Ortes verschiedener Meinung sind und das Richtige nicht wissen, und ich werde dies bei Gelegenheit, so Gott

1) Ibn Cuteiba in den Dichterbiographien, Wiener Handschr. Nr. 1159, Fol. 9. — Vergl. Jâcût, Bd. 2, S. 545. — Bekri wiederholt dies in dem Art. دبر mit einem vorangehenden Verse:

Als wenn die Tochter des Sahmiten am Tage, da ich ihr begegnete, eine
Gazelle wäre mit zwei bunten Streifen geschmückt.

will, auseinandersetzen. Auch dieser Jazîd ben Hârûn hat, ungeachtet seiner Führerschaft in der Ueberlieferung und seiner hervorragenden Stellung in der Wissenschaft, 'Gumdân, den Namen eines Berges in Ḥigâz zwischen Cudeid und 'Osfân in den Niederlassungen der Banu Suleim, verschrieben und dafür 'Gundân mit *n* gesetzt und zwar in der Ueberlieferung, welche el-'Alâ von Abu Hureira anführt, dass der Gesandte Gottes, als er auf dem Wege von Mekka an einem Berge Namens 'Gumdân vorüberkam, gesagt habe: „Vorwärts! dies ist 'Gumdân, die in Zurückgezogenheit öfter Gottes gedenken, Männer wie Frauen, die gehen voran[2]". So sagen viele Erzähler el-Ḥazawwara für den Ort, wo der Markt in Mekka war, der jetzt zur Moschee gezogen ist, in der Ueberlieferung, dass der Gesandte Gottes bei el-Ḥazawwara stand und sagte: bei Gott! du bist mir wahrlich das liebste auf Gottes Erde, und wenn ich nicht von dir vertrieben würde, so würde ich nicht fortgehen. el-Zuhrí aber überliefert von Abu Salima nach Abdallah ben 'Adí von dem Propheten die Aussprache des Namens el-Ḥazwara, anders nicht[5]? el-Ganawí sagt:

Am Tage des Ibn 'Gud'ân seitwärts von el-Ḥazwara,
als wäre er der Kaiser oder der Herr von el-Daskara.

Die Anordnung dieses Buches ist nach der Reihe der Buchstaben ا ب ت ث, ich beginne demnach mit Hamza und Alif wie آزة, dann folgt Hamza und Bâ, wie ابلى, ابان, dann Hamza und Tâ wie الاتم, dann Hamza und Tha wie الاثيل und الاثاية und so bis ans Ende der 28 Buchstaben. Hieraus entstehen für das Buch 728 Capitel, wenn man 28 mit sich selbst multiplicirt, so dass je zwei Buchstaben eines Namens in ein Capitel vereinigt werden[4]. Dann gebe ich die übrigen Buchstaben des Namens an, bemerke in zweifelhaften Fällen ob sie punktirt sind oder

---

2) Vergl. Jâcût, Bd. 2, S. 115. — 3) Jâcût, Bd. 2, S. 262.

4) Es fallen aber sehr viele Verbindungen aus, indem z. B. ausser bei Alif, مه und in dem einen Worte ببن nie derselbe Buchstab im Anfange zweimal steht; nur Alif und Mim haben die 28 Capitel vollzählig, ihre Zahl sinkt in ظ sogar auf 6 und beträgt statt 728 im Ganzen nur 507.

nicht, ob ein Wort indeclinabel ist, füge die Vokalaussprache hinzu und die Ableitung, wenn sie bekannt ist, und führe bei jeder Angabe an, von welchem der bekannten Grammatiker und Erzähler sie herrührt. Alles was ich in diesem Buche von el-Sakûní beibringe, ist entlehnt aus dem Buche des Abu 'Obeidallah 'Amr ben Bischr el-Sakûní über die Berge und Wohnsitze in Tihâma, wie er das Alles von Abul-Asch'ath Abd el-Raḥman ben Muḥammed ben Abd el-Malik el-Kindí und dieser es von 'Arrâm ben el-Açbag el-Sulemí el-'Ârâbí aufgenommen hat.

Ich beginne jetzt mit der Beschreibung der Halbinsel der Araber und der Geschichte ihrer Niederlassung darin und in ihren anderen Wohnplätzen und Standorten und wie sie sich darin getheilt haben, welchen Platz jeder Stamm einnimmt, wie zwei oder mehr Stämme einen gemeinschaftlichen Wohnsitz haben oder einer über seine Nachbaren die Oberhand gewinnt und dann allein herrscht. — Abul-Mundsir Hischâm ben Muḥammed ben el-Sâïb el-Kalbí sagt nach seinem Vater von Mu'âwia ben 'Amíra ben Miḥras el-Kindí, dass er von 'Obeidallah ben Abdallah ben el-'Abbâs ben Abd el-Muṭṭalib gehört habe, — und ebenso überliefert Abu Zeid 'Omar ben Schabba: mir hat erzählt Gijâth ben Ibrâhîm von Jûnus ben Jazîd el-Ailí, von el-Zuhri, von Obeidallah ben Abdallah, von Ibn 'Abbâs, als ihn ein Mann über die Nachkommen des Nizâr ben Ma'add fragte, da sagte er: ihrer sind vier, Mudhar, Rabí'a, Ijâd und Anmâr, und er (Nizâr) hatte von seinem Sohne Rabí'a den Vornamen (Abu Rabí'a). Sie wohnten in Mekka und das Land der Araber war damals verödet, weder in Nagd, noch Tihâma, noch Ḥigâz, noch 'Arûdh gab es einen hervorragenden Mann, weil Bucht naççar das Land verwüstet und die Einwohner vertrieben hatte, mit Ausnahme derer, die sich auf die Spitzen der Berge zurückgezogen hatten, oder in festen Plätzen sich gegen das Andringen seiner Infanterie und die Angriffe seiner Kavallerie vertheidigten. Die Länder der Araber waren damals in fünf Theile getheilt, wie weiterhin wird erwähnt werden. — Ibn Wahb erzählt von Mâlik: Das Land der Araber begreift Mekka, Medina, Jemen und die dazu gehörigen Ortschaften. Aḥmed ben el-Mu'addil sagt: Ja'cûb ben Muḥammed ben 'Isá el-Zuhrí sagt, nach Mâlik ben Anas umfasst die Halbinsel der Araber Medina, Mekka, Jemâma und Jemen, und el-Mugîra ben Abd el-Raḥman sagt: die Halbinsel der Araber begreift Mekka, Medina, Jemen und die dazu gehörigen Ortschaften. el-Açmâ'í sagt: die Halbinsel der Araber ist das, wohin die Persischen Könige nicht kamen, von dem äussersten 'Aden Abjan bis an die Gränze von Syrien in der Länge, und in der Breite von Gudda bis an das Ufer von 'Irâk. Im Widerspruch hiermit sagt Abu 'Obeid, dass el-Açmâ'í die Länge von dem äussersten 'Aden Abjan biz an das Ufer von 'Irâk und die Breite von Gudda und dem nächstgelegenen Meeresufer bis an die Gränze von Syrien rechne. el-Scha'bí sagt: die Halbinsel der Araber erstreckt sich von Cadesia bei el-Kûfa bis nach Ḥadhramaut. Abu 'Obeida rechnet die Länge von Ḥafr Abu Mûsá bei Ṭawâra in 'Irâk [5]) bis an das äusserste Ende von Jemen und die Breite von der Sandfläche Jabrîn bis ,an die Gränze von el-Samâwa. Nach demselben läuft die Gränze von 'Irâk an den beiden grossen Flüssen hin bis an den reinen Sand, und ein anderer sagt: die Gränze des Landstriches von 'Irâk, soweit die Wanderung reicht, erstreckt sich von der Nachbarschaft von Mosul längs des Wassers bis an das Meeresufer bei 'Abbâdân auf der Ostseite des Tigris in der Länge, und in der Breite von Ḥulwân bis an die äusserste Seite von Cadesia, wo sie an el-'Odseib stösst; die Länge beträgt 120 und die Breite 80 Parasangen. Ibn el-Kalbí nennt als die 'Irâk begränzenden Orte: Ḥîra, Anbâr, Bacca, Hît, Ain el-tamr, die Seite des Festlandes bis nach el-Gumeir, Cutcutâna und Chafijja. el-Chalîl sagt: die Insel der Araber wird Insel genannt, weil sie von den Meeren von Persien und Habesch und von dem Euphrat und Tigris umgeben ist, sie ist das Land der Araber und ihr fester Wohnsitz. Abu Isḥâk el-Ḥarbí sagt: mir hat Abdallah ben Schabîb von el-Zubeir erzählt, dass Muḥammed ben Fudhâla ihm überliefert habe: das Land wird eine Insel genannt, weil das Meer und die Flüsse es von allen Seiten und Enden umgeben; nämlich der Euphrat, wenn

6) بطوارة Cambr. Cod. بطوان aber mit übergesetztem Zeichen des Fehlers; bei Ibn Cuteiba, Handb. d. Gesch. S. 280 fehlen die Worte „Ṭawâra in 'Irâk."

er aus dem Lande Rûm kommt, erscheint in der Gegend von Kinnasrîn, fliesst dann hinab in el-Ǵazîra (Mesopotamien) d. i. das Land zwischen Euphrat und Tigris und in dem Gebiete von 'Irâk, bis er in der Gegend von Baçra und 'Obolla ins Meer fällt; an dieser Stelle breitet sich das Meer westwärts aus, umgiebt die Länder der Araber und umschlingt sie, kommt von da nach Safawân und Kâdhima und gelangt nach el-Catîf, Haǵar, der Küste von 'Omân und el-Schiḥr; eine Krümmung desselben fliesst nach Ḥadhramaut, der Gegend von Abjan, 'Aden und Dahlak, und diese Krümmung verlängert sich, sodass sie die Küstenfläche von Jemen, die Länder der Stämme Ḥakam, el-Asch'ar und 'Akk berührt und geht nach Ǵudda, der Uferstadt von Mekka, nach el-Ǵâr, der Uferstadt von Medina, nach el-Ṭûr, der Küste von Teimâ, nach dem Busen von Aila und der Küste von Râja, bis sie nach Kulzum und Aegypten gelangt, durch dessen Länder sie sich windet; der Nil kommt im Westen dieser Krümmung aus dem obern Sudân in langem Laufe und wendet sich dem Meere zu, bis er in das Meer von Aegypten und Syrien fällt; dann erstreckt sich dieses Meer von Aegypten nach den Ländern von Palästina an 'Ascalon und dessen Ufern vorüber, kommt nach Çûr (Tyrus), der Uferstadt des Jordan, nach Beirût und dessen Umgebung, den Ufern von Damascus, gelangt dann zu den Ufern von Ḥimç (Emessa) und den Ufern von Kinnasrîn, bis es die Gegend erreicht, wo der Euphrat zu den Gränzen von Kinnasrîn und el-Ǵazîra bis in den Landstrich von 'Irâk herabkommt.

Diese Insel, in welcher sich die Araber niedergelassen haben, wird in fünf Theile getheilt: Tihâma, Ḥiǵâz, Naǵd, 'Arûdh und Jemen. Tihâma ist mit el-Gaur und Ḥiǵâz mit Ǵals gleichbedeutend; so sagt el-Zubeir ben Bakkâr nach seinem Oheim; ein anderer sagt Ḥiǵâz, Ǵals und Naǵd sei gleichbedeutend. Der Berg el-Sarât bildet die Gränze zwischen Tihâma und Naǵd; er beginnt nämlich auf der Gränze von Jemen, ist der höchste Berg der Araber und reicht bis an den Rand der Syrischen Wüste; die Araber nennen ihn Ḥiǵâz, es durchschneiden ihn die Wasserwege, bis er in die Gegend von Nachla gelangt. Zweige von ihm sind der Cheiṭâ und Jasûm, zwei Berge bei Nachla; dann trennen sich von ihm andere Berge, wie el-Abjadh (der weisse), das ist der Berg von el-'Arg, der Cuds, der Âra, el-Asch'ar und el-A'grad, welche beide den Muzeina gehören; alle sind in dem Lexicon einzeln aufgeführt. Ibn Schabba hat Cheiç anstatt Cheitá und behauptet, dass Cheitá nicht bekannt sei. Ein Mekkaner nennt ihn Cheisch und citirt von Ibn Abu Rabî'a den Vers:

Sie liessen Cheisch zu ihrer Rechten und den Jasûm zur Linken
für den nach Na'gd ziehenden[6]).

Die richtige Lesart ist Cheiç und ich entlehne aus der eigenhändigen Aufzeichnung des Ibn Sâdân, welche auch dem Abu 'Alí vorgelegen hat, den Vers des Ibn Abu Rabî'a:

An die alte Liebe erinnern mich die Gegenden
zwischen Cheiç und der Höhe von Jasûm.

Ibn el-Kalbí überliefert von Ibn Miskîn Muhriz ben 'Ga'far ben el-Walîd ben Zijâd, dem Freigelassenen des Abu Hureira, von seinem Vater, von Sa'îd ben el-Musajjib: Als Gott die Erde erschuf, wankte sie mit ihren Bewohnern, da belegte er sie mit diesem Berge, nämlich dem Sarât, da ward sie ruhig. Der Sarât erstreckt sich in der Länge von Dsât 'Irk bis an die Gränze von Na'grân in Jemen; Beit el-macdis liegt an dem westlichen Ende; seine Breite reicht von dem Meere bis nach el-Scharaf; was hinter diesem Berge liegt auf seiner Westseite bis an die Meeresküste gehört zu den Ländern der Asch'ar, 'Akk und Kinâna bis nach Dsât 'Irk, el-'Guhfa und den angränzenden und benachbarten Gegenden. In die Niederung des Landes senkt sich el-Gaur, nämlich das Gaur von Tihâma und Tihâma begreift dies alles und das Gaur von Syrien gehört nicht dazu. Was auf der östlichen Seite dieses Berges liegt von der Wüste bis an die Gränzen von 'Irâk, el-Samâwa und die anstossenden Gebiete, das ist Na'gd und Na'gd begreift dies alles und es gehören dazu besonders Bîscha, Tar'g, Tabâla, el-Marâga und Ranja. Der Berg selbst bildet die Mitte und ist die Scheidewand[7]) und die Berge,

6) Jâcût, Bd. 2. S. 381. 507. Bd. 3. S. 66.
7) Sarât bedeutet erhöhte Mitte, Higâz Scheidewand.

welche sich auf seiner Ostseite daran schliessen und was sich bis in die Gegend von Feid und die beiden Berge (der Ṭâïten) bis nach Medina ausdehnt, Tathlîth im Lande der Madshig und was diesseits davon bis in die Gegend von Feid liegt, das alles ist Higâz. Die Länder von Jemâma und Baḥrein mit den angränzenden Gegenden heissen el-'Arûdh, darin sind Hochebenen und Niederungen wegen der Nähe des Meeres, der Senkung einiger Orte und des Abflusses der Wasserwege; 'Arûdh begreift dies alles. Was hinter Tathlîth und dessen Umgebung liegt bis nach Çan'â und die angränzenden Länder bis nach Ḥadhramaut, el-Schiḥr und 'Omân und was dazwischen liegt, das ist Jemen, darin sind die nach dem Meere abfallenden Gegenden und Hochlande, und Jemen begreift dies alles. Dsât 'Irk liegt in der Mitte zwischen Tihâma, Nagd und Ḥigâz und die Bewohner von Dsât 'Irk antworten auf die Frage, ob sie zu Tihâma oder zu Nagd gehören? „weder zu Tihâma, noch zu Nagd"; daher sagt ein Dichter:

Wir sind in einer hohen Wüste, die weder zu Nagd,
noch zu Tihâma gehört, nun fliesst das Auge von Thränen über.

und ein anderer sagt:

Als wenn die Lastthiere nicht lagerten in Tihâma,
wenn aufsteigen von Dsât 'Irk ihre Hälse.

Ibn el-Kalbí sagt: Ḥigâz bildet die Scheidewand zwischen Jemâma und 'Arûdh und zwischen Jemen und Nagd; also ist Nagd das Land zwischen Ḥigâz und Syrien bis nach el-'Odseib; el-Ṭâïf gehört zu Nagd, ebenso Medina; das Hochland und Baḥrein bis nach 'Omân gehören zu 'Arûdh; Tihâma ist der Landstrich, welcher am Meere hinläuft, dazu gehört Mekka, dann folgt el-'Ibr, el-Ṭûr und el-Gazîra; davon ist el-'Ibr, was vom Euphrat bis an die Arabische Wüste reicht, und el-Ṭûr, was zwischen dem Tigris und Satîdamâ liegt. 'Arrâm ben el-Açbag behauptet, die Gränze von Ḥigâz gehe von den Bergwerken bei el-Nacra bis nach Medina, dessen eine Hälfte zu Ḥigâz, die andere zu Tihâma gehöre. An einer anderen Stelle sagt er: el-Gals ist das Land zwischen el-Guḥfa und den beiden Bergen der Ṭâïten, Medina gehört zu Gals und die Districte von Medina sind Fadak, Cheibar, Wâdil-Curá, el-Marwa, el-

Ǵár und el-Fur'. diese Orte haben weitausgedehnte Gebiete ausser el-Ǵár, da es am Meere liegt. Omar ben Schabba überliefert nach seinen Gewährsmännern von Muḥammed ben Abd el-Malik, dass Ḥiǵáz aus zwölf Wohnplätzen bestehe: Medina, Cheibar, Fadak, Dsul-Marwa, dem Wohnplatz der Balí, Aschǵa', Ǵuheina, eines Theils der Banu Bekr ben Mu'áwia, eines Theils der Hawâzin, den Zeltplätzen der Suleim und der Hilâl [8]. Die erste Gränze von Ḥiǵáz ist Baṭn Nachl, die Höhe von Ruma und hinter Ḥarra Leilá; die zweite nach Syrien hin ist Schagb und Badá; die dritte nach Tihâma hin ist Badr, el-Sucjâ, Ruhâṭ und 'Okâdh, und die vierte ist bei Sâja und Waddân und biegt sich dann wieder nach der ersten bei Baṭn Nachl und der Höhe von Ruma; Mekka gehört zu Tihâma und Medina zu Ḥiǵáz. Muḥammed ben Sahl sagt nach Hischâm von dessen Vater: die Gränzen von Ḥiǵáz sind von den beiden Bergen der Ṭâïten nach dem Wege von 'Irâk, wenn man nach Mekka will, bis nach Scha'af in Tihâma, dann der Länge nach bis Jemen; er fährt fort: und el-Ǵals ist das Land zwischen el-Ǵuḥfa und den beiden Bergen der Ṭâïten, und Medina gehört zu Ǵals. Dass Medina zu Ǵals gehöre, bestätigt dir ein Vers des Marwân ben el-Ḥakam an el-Farazdak, dem er befohlen hatte, keine Spottgedichte mehr zu machen, Merwân war damals Statthalter von Medina unter Mu'âwia:

Sag' dem Farazdak (und Thorheit bleibt Thorheit):
Wenn du lassen willst, was ich dir befohlen habe, so komm nach Ǵals.

Man sagt: ǵalasa er kommt nach Ǵals; d. h. komm nach Medina, wenn du das Spotten lassen willst [9]. el-Hasan sagt: Ḥiǵáz erhielt diesen Namen (abgeschiedene Gegend), weil es von Flüssen und Bäumen abgeschieden ist, und es wird zu Paradiesgärten werden am Tage der Auferstehung. Ein anderer sagt: es wurde Ḥiǵáz genannt, weil es von Bergen umgürtet ist; man sagt, eine Frau *iḥtaǵazat* umgürtet sich, wenn sie ihre Kleider mitten um den Leib bindet und die Hüften bedeckt. el-Zubeir ben Bakkâr sagt: ich fragte den Suleimân ben 'Ajjâsch el-Sa'dí, wesshalb Ḥiǵáz so benannt sei? er antwortete: weil es *ḥaǵaza* die

8) In dieser Aufzählung fehlt ein Name.

9) Jâcût, Bd. 2. S. 102 und Art. الفلس.

Scheide macht zwischen Tihâma und Nagd; und auf meine Frage nach den Gränzen von Ḥigâz erwiederte er: Ḥigâz ist das Land zwischen dem Brunnen des Abu Bekr ben Abdallah bei el-Schakira und zwischen Uthâja bei el-'Arg; was über Uthâja hinaus liegt, gehört zu Tihâma. Ibn Dureid führt an, dass Ḥigâz so genannt sei, weil es die Scheide macht zwischen Nagd und dem Sarât, und Chalîl sagt, weil es el-Gaur von Syrien und Tihâma von Nagd trennt; danach gehört Ġurasch zu der Halbinsel der Araber und ebenso Nagrân. Omar ben el-Chaṭṭâb vertrieb die Juden und Christen aus der Halbinsel der Araber, aber er vertrieb sie weder aus Nagrân, noch aus Jemen und Baḥrein, woher diese Gegenden den Namen 'Arûdh erhielten. el-Ḥarbí bemerkt hierzu: desshalb ist die Meinung des Chalîl und des Muḥammed ben Fudhâla nicht haltbar.

Die Gränze von Syrien ist hinter Tabûk, welches noch zu Ḥigâz gehört, von da beginnt Palästina; und von Medina auf dem Wege nach Kufa reicht Ḥigâz bis el-Ruma, was dahinter liegt, ist Nagd, bis man nach 'Irâk gelangt; auf dem Wege nach Baçra reicht Ḥigâz bis Baṭn Nachl, was dahinter liegt, ist Nagd, bis man nach Baçra gelangt; von Medina auf dem Wege nach Mekka reicht Ḥigâz bis nach el-Uthâja, dem Lagerplatze von el-'Arg, was dahinter liegt, ist Tihâma bis nach Mekka, Ġudda, Tûz und dem Lande der 'Akk und bis nach el-Ġanad und 'Aden Abjan, dies alles ist Gaur im Lande Tihâma; was zwischen Medina und der Strasse nach Çan'â liegt, wenn man den Weg über die Bergwerke der Banu Suleim nimmt, gehört zu Ḥigâz bis nach el-Ġudad, Nagrân und Çan'â; von Medina nach Baṭn Nachl bis Schibâk Abu 'Olajja reicht Ḥigâz bis el-Rabadsa, was darüber hinaus liegt nach el-Scharaf, Udhâch, Dharijja und Jemâma gehört zu Nagd. el-Scheibâní überliefert von seinem Vater, Abul-Beidâ habe ihm erzählt, dass Abd el-Malik ben Marwân den Dichtern ein Mädchen vorgestellt und gesagt habe: wer von euch zu folgendem Verse sogleich einen zweiten macht, der soll das Mädchen haben:

> Ein Sehnsüchtiger aus Jemen und einer aus Syrien, jeder beweint die Trennung von dem anderen, und wann werden die beiden Trauernden sich treffen?

Da erhob sich Ġarîr auf seinen Knien und rief: „zu mir her, o Mädchen!" dann sprach er:

Der in Syrien geht nach Gaur oder der in Gaur Tihâma
geht nach Naġd, so werden sie sich treffen.

Da bekam er das Mädchen, el-Muchabbal el-Sa'dí sagt:

Denn wenn mir die Ebenen des Landes verwehrt werden,
so werde ich die offenen Wege von 'Arûdh betreten.

Das Land der Ġuheina und ganz Cabalijja gehört zu Ḥiġâz. Was Tihâma betrifft, wenn du von el-Uthâja nach el-Fur' und Geica hinabgehst bis auf den Weg nach Mekka bis du Mekka betrittst, das ist Tihâma; el-Maġâza, 'Oljab, Canûnâ und Jazan gehören alle zu Tihâma, und wenn du von den Hügeln von Dsât 'Irk hinabsteigst, bist du in Tihâma, bis du ans Meer kommst; und ebenso wenn du von den Hügeln von el-'Arġ herabsteigst bis zu den äussersten Gegenden der Banu Fazâra, bist du in Tihâma, wenn du aber über die Gegenden der Banu Fazâra hinaus in das Land der Kalb kommst, so bist du in el-Ġinâb. — Die Wohnsitze der Banu Asad sind el-Ġals, el-Canân, der weisse und schwarze Abân bis nach el-Ruma, die beiden Ḥimá (Gehege), Ḥimá Dharijja und Ḥimá el-Rabadsa, el-Daww, el-Çammân und el-Dahnâ in der Ecke der Banu Tamîm; el-Ḥazn gehört grössten Theils den Banu Jarbû' und man pflegt zu sagen: wer den Sommer in el-Scharaf, das Frühjahr in el-Ḥazn und den Winter in el-Çammân zubringt, der hat gute Weide. — Naġd erstreckt sich von Ġurasch bis nach dem Gebiete von Kufa und die äusserste Gränze nach Westen bilden die beiden Ḥiġâz, Ḥiġâz el-aswad (das schwarze) und Ḥiġâz von Medina. Ḥiġâz el-aswad ist (der Berg) Sarât der Schanûa; nach Osten das Persische Meer zwischen 'Omân und den Sümpfen von Baçra; auf der Nordseite zur Rechten el-Ḥazn von Kufa und von el-'Odseib bis nach Tha'labijja nach dem Hügel der Banu Jarbû' ben Mâlik links von dem Wege, der nach Mekka führt; auf der Südseite zur Linken von dem Districte von Jemen bis an die Sümpfe von Baçra; ganz Naġd gehört zu der Verwaltung von Jemâma. — 'Omâra ben 'Akîl sagt: wo das Wasser von el-Ḥarra, Ḥarra Banu Suleim und Harra Leilá, hinfliesst, da ist el-Gaur, und wo es von

Dsât 'Irk südlich fliesst, da ist Nagd, und Nagd gegenüber liegen die Niederungen von Ḥigâz, nämlich Wagra und el-Gamra; und wo es von Dsât 'Irk westwärts fliesst, da ist Ḥigâz. 'Omâra sagt ferner: ich habe den Bâhilí sagen hören: alles was jenseits des Grabens liegt, nämlich des Grabens des Kisrá, den er zum Schutz des Gebietes von 'Irâk graben liess, das ist Nagd, bis man sich nach el-Ḥarra wendet, und wenn man diese Wendung gemacht hat, befindet man sich in Ḥigâz, bis man nach Gaur kommt; el-Gaur ist alles, was den Wasserabfluss nach Westen hat und davon hat el-Gaur den Namen, und alles was nach Osten in der Ebene liegt, ist Nagd. Tihâma ist das Land von Dsât 'Irk bis zwei Tagereisen über Mekka hinaus; was weiterhin liegt, gehört zu Gaur und was weiterhin nach Süden liegt, ist der Sarât bis ans Ende des Sarât. — Der Verfasser Abu 'Obeid sagt: die ganze Stelle aus 'Omâra habe ich aus dem Buche des Abu 'Alí genommen nach der Abschrift des Abu Sa'íd aus dem Original.

Ja'cûb entlehnt von el-Açma'í: was sich von Baṭn el-Ruma erhebt, ist Nagd bis zu den Hügeln von Dsât 'Irk, und was die Ḥirâr umgeben, nämlich Ḥarra Schaurân und der grosse Haufen der Banu Suleim bis nach Medina, dann was diese Seite einschliesst, das alles ist Ḥigâz, und was zwischen Dsât 'Irk und dem Meere liegt, ist Gaur und Tihâma. Die Gränze von Tihâma auf der Seite von Higâz machen die Abstufungen von el-'Arg und den Anfang auf der Seite von Nagd bilden die Abstufungen von Dsât 'Irk. el-Ginâb ist das Gebiet zwischen den Gaṭafân und Kalb, und was von der Sandwüste bis ans Ufer von 'Irâk sich erstreckt, heisst 'Irâk. Arabische Ortschaften sind alle, die im Lande der Araber liegen, wie Cheibar, Fadak, el-Suwarikijja und ähnliche. el-Scharaf ist der Mittelpunkt von Nagd und war der Sitz der Könige aus der Familie Âkil el-murâr, und darin ist jetzt das Gehege von Dharijja, welches der Name eines Brunnens ist; der Dichter sagt:

Da gab er mir zu trinken aus Dharijja, der besten Quelle,
die Wasser auswirft, und aus dem doppelten Brunnen [1]).

1) Jâcût, Bd. 3. S. 471.

In el-Scharaf liegt el-Rabadsa, das Gehege zur Rechten, und el-Schureif an dessen Seite; zwischen Scharaf und Schureif scheidet ein Wâdi Namens el-Tasrîr, was östlich liegt, ist Schureif, und was westlich liegt, ist Scharaf. el- Ṭûr, der Berg, welcher sich über dem 'Arafa erhebt, leitet nach Çan'á und heisst Sarât; sein Anfang ist der Sarât der Thakîf und der Sarât der Fahm und 'Adwân, dann der Sarât der Azd, dann el-Ḥarra das letzte von diesen allen. Was ferner nach dem Meere sich hinabzieht, ist Sahâm, Surdad, Zabîd und Rima', das Land der 'Akk, und was nach Osten liegt, ist Nagd und 'Gals, was an die Wohnsitze der Hudseil gränzt. Sahâm und Surdad sind zwei Wâdis, die in das grosse Wâdi Gâzá fliessen. Es sagt Abu Dahbal el-Gumaḥí, (so nennt er ihn, aber ohne Zweifel ist el-Aḥwaç gemeint):

Gott tränke unsern Gâzá und die benachbarten Bewohner
und jeden Bach von Sahâm und Surdad!

Nach anderer Ueberlieferung: Gott tränke unsern Gâzí [2]. — Die Gränze von Jemen ist auf der Ostseite die Sandfläche der Banu Sa'd, welche Jabrín heisst, die sich von Jemâma herabzieht, bis sie sich in Ḥadhramaut ins Meer verläuft; auf der Westseite die Gegend von Gudda bis 'Aden Abjan; die dritte Gränze geht von Ṭalḥa el-Malik bis Scharûn im Gebiete von Mekka und die vierte Gränze bilden die beiden Städte el-Gauf und Mârib.

Die erwähnten fünf Theile der Arabischen Halbinsel nennen die Araber auch in ihren Gedichten; so sagt Ibn Barrâca el-Thumâlí:

Ich trinke Abends in Tihâma, dann bin ich am Morgen in Gals
bei Scha'ûf zwischen Schatt- und Ṭubbâk-Sträuchen [3].

Die Kinânitin Leilá, Tochter des Ḥârith, sagt:

Haben nicht die Thumâla verboten in ihrer Nachbarschaft
und weiterhin in Gaur oder Gals zu weiden?

Hubeira ben 'Amr ben Gurthûma el-Nahdí sagt:

---

2) oder: den Gâzîn جازينا, wie eine Handschr. vocalisirt; so steht auch in dem Verse جازانا und Gâzân soll ein Ort sein. Jâcût, Bd. 2. S. 7. Verschiedene Recension Jâcût, Bd. 3. S. 73. 202.

3) Jâcût, Bd. 3. S. 300.

Und Kinda ging mit Drohungen voran und Madshiǧ
und Schahrân von Ḥiǧâz Bewohnern und Wâhib.

Schureiḥ ben el-Aḥwaç sagt:
Ich werde dich unterstützen in Ḥiǧâz und wenn du zu schwach bist,
wirst du finden, dass ich zu den Stützen des Volkes von Naǧd gehöre.

Ṭarafa sagte, während er sich in der Gegend von Tabâla, Bischa
und der Umgegend aufhielt:
Er aber ruft von Keis 'Ailân eine Schaar,
die vertreiben im Hochlande von Ḥiǧâz die Löwen.

Labîd:
Eine Murritin wohnt in Feid als Nachbarin
der Ḥiǧâz-Bewohner, wie kannst du da deine Sehnsucht nach ihr stillen⁴)?

el-Muchabbal:
Denn wenn mir die Ebenen des Landes verwehrt werden,
so werde ich die offenen Wege von 'Arûdh betreten.

Ein Mann von den Banu Murra sagt:
Wir bleiben auf der Höhe von Hiǧâz und ihr
in den weiten Niederungen zwischen el-Achâschib.

Garîr:
Eine Liebe in Tihâma und eine Liebe in Naǧd,
so freundlich sind gegen mich Tihâma und Naǧd.

Ein anderer:
Als wenn die Lastthiere nicht lagerten in Tihâma,
wenn aufsteigen von Dsât 'Irk ihre Hälse.

Wir kehren zurück zu der Erzählung des Kalbî von Ibn 'Abbâs. Die Nachkommen des Ma'add ben 'Adnân theilten dies Land in sieben Theile. Die 'Amr ben Ma'add ben 'Adnân, d. i. Cudhâ'a, erhielten zu ihrer Wohnung und zu Weiden für ihr Vieh Gudda am Ufer des Meeres und das Land disseits bis ans Ende von Dsât 'Irk bis an die Gränze des heil. Gebietes, Thal und Berg, und darin gehört den Kalb ein Ort Namens el-Gadir, Gadir Kalb, der dort bekannt ist. In Gudda wurde Gudda ben Garm ben Rabbân ben Ḥulwân ben el-Ḥâfi ben Cudhâ'a geboren und danach benannt. — Die Gunâda ben Ma'add erhielten el-Gamr, Gamr Dsu Kinda, mit seiner Umgebung und dort lebten die Kinda

---

4) Jâcût, Bd. 2. S. 207.

die längste Zeit, und hierauf stützt sich die Meinung derjenigen über Kinda, welche behaupten ihre Niederlassungen seien in Gamr Dsu Kinda gewesen. Die Nachkommen 'Gunâda's nahmen hier ihre Wohnungen und Weiden für ihr Vieh in Berg und Thal; davon stammen el-Sakûn und el-Sakâsik, die beiden Söhne des Aschras ben Thaur ben 'Gunâda. Wer aber die Kinda zu Ma'add rechnet, giebt die Abstammung so an: Thaur ben 'Ofeir ben 'Gunâda ben Ma'add. Omar ben Abu Rabî'a sagt:

Wenn sie Gamr Dsu Kinda betritt
mit dem Zuge grades Weges dem Leitstern folgend,
Dort überwindet sie entweder die Liebe,
oder sie folgt trauernd ihren Spuren.

Die Mudhar ben Nizâr erhielten die Gränze des heil. Gebietes bis el-Sarawât und was diesseits el-Gaur liegt mit den angränzenden Gegenden für ihre Wohnungen und zu Weiden für ihr Vieh in Berg und Thal. — Die Rabî'a ben Nizâr bekamen die Abhänge des Berges von Gamr Dsu Kinda und den mittleren Theil von Dsât 'Irk mit den benachbarten Ländern von Na'gd bis el-Gaur in Tihâma und sie besetzten das, was ihnen zu Theil geworden war für ihre Wohnungen und zu Weiden für ihr Vieh in Berg und Thal. — Ijâd und Anmâr, die beiden Söhne des Nizâr, erhielten das Land von der Gränze des Gebietes der Mudhar bis an die Gränze von Na'grân mit den anstossenden und benachbarten Ländern und sie besetzten das, was ihnen zu Theil geworden war für ihre Wohnungen und zu Weiden für ihr Vieh. — Canaç ben Ma'add, Sanâm ben Ma'add und die übrigen Söhne des Ma'add erhielten das Land Mekka mit seinen Wâdis, Thälern und Bergen und den benachbarten Gegenden und wohnten dort mit den im heil. Gebiete um den Tempel verbliebenen Resten der 'Gurhum.

In diesen ihren Niederlassungen blieben die Nachkommen des Ma'add, als wären sie ein Stamm, in Eintracht und Freundschaft, sie hielten Zusammenkünfte und versammelten sich an Festtagen und halfen einander gegen Fremde, bis der Krieg unter ihnen ausbrach, der sie trennte und ihre Wohnsitze veränderte. Muhalhil erwähnt die Vereinigung der Nachkommen des Ma'add in ihren Wohnplätzen in Tihâma und den Ausbruch des Krieges unter ihnen mit den Worten:

Als Wohnplatz genügte uns Tihâma in der Vorzeit,
dort waren die Banu Ma'add vereinigt.
Dann gaben sie sich einen Becher zu trinken, der ihnen bitter schmeckte,
der Starke tödtete unter ihnen den Schwachen.

Die Veranlassung zum ersten Kriege gab Ḥazîma ben Nahd ben Zeid ben Leith ben Süd ben Aslum ben el-Ḥafi [5]) ben Cudhâ'a, welcher sich in Fâṭima, die Tochter des Jadskur ben 'Anaza ben Asad ben Rabî'a ben Nizâr, verliebt hatte. Die beiden Familien lebten an ein und demselben Orte zusammen, mussten sich aber trennen um für ihre Heerden Weideplätze zu suchen, und beim Abschiede sagte Ḥazîma:

Als der Orion den Plejaden folgte,
hatte ich über Fâṭima's Familie eine ungewisse Meinung.
Ich war über sie ungewiss, u. Ungewissheit ist für einen Mann ein Verbrechen,
mag er sein Versprechen halten, oder in Trägheit verharren.
Nun kommen zu diesen neuen Sorgen noch andere Sorgen,
welche die bisher verborgene Besorgniss jetzt hervortreten lassen.
Ich sehe Jadskur's Tochter ist fortgezogen und wohnt nun
südlich von el-Ḥazn, o die weite Entfernung!

Als die Rabî'a von diesen Versen Kenntniss erhielten, lauerten sie ihm auf, bis sie ihn fassten, und prügelten ihn durch. In der Folge traf Ḥazîma mit Jadskur zusammen, beide wollten Carâdh (Acacien-Früchte zum Gerben) sammeln; Ḥazîma stürzte sich auf Jadskur und tödtete ihn, davon sagen die Araber im Sprüchwort: bis der Carâdh-Sammler von 'Anaza zurückkehrt (d. i. in alle Ewigkeit), und Bischr ben Abu Ḥâzim sagte (sterbend zu seiner Tochter):

So hoffe Gutes und erwarte meine Rückkehr,
wenn ja der Carâdh-Sammler von 'Anaza zurückkehrt [6]).

---

5) Der Leydener Codex vocalisirt überall الحافُ als sei حفف die Wurzel, es ist vielmehr verkürzte Schreibart für الحافى wie العاص für العاصى und desshalb der Endvokal auszusprechen: el-Ḥâfi, el-'Âçi. Jeder Zweifel hierüber wird gehoben durch das Vorkommen des Namens in einem Verse weiter unten ohne Artikel حافٍ.

und Abu Dsuweib sagt:

Und bis die Carâdh-Sammler beide zurückkehren,
und Kuleib für Waïl von den Todten erweckt wird [6]).

Der erste Carâdh-Sammler war Jadskur und der zweite 'Âmir ben Ruhm ben Humeim el-'Anazí. — Als nun Jadskur vermisst wurde, fragte man Ḥazîma, wo er geblieben sei? er antwortete: er hat sich von mir getrennt, und ich weiss nicht, wohin er gegangen ist. Aber die Rabî'a schöpften Verdacht und es kam darüber zwischen ihnen und den Cudhâ'a zu bösen Auftritten; indess wurde die Sache nicht aufgeklärt, bis Ḥazîma die Verse sprach:

Ein Mädchen, als wenn der Speichel in ihrem Munde
Traubensaft, mit welchem Balsam gemischt ist.
Getödtet habe ich ihren Vater aus Liebe zu ihr,
nun mag sie geizen, wenn sie geizig ist, oder schenken [7]).

Da vereinigten sich die Nizâr ben Ma'add gegen die Cudhâ'a und wurden von den Kinda unterstützt, während die vereinigten Cudhâ'a von 'Akk und el-Asch'ar Hülfe erhielten; es kam zwischen den beiden Partheien zum Kampfe, die Cudhâ'a wurden besiegt und aus ihren Niederlassungen vertrieben und wanderten aus nach Nagd. Darauf beziehen sich die Verse des 'Âmir ben Dharib ben 'Ijâds [8]) ben Bekr ben Jaschkur ben 'Adwân ben 'Amr ben Keis 'Ailân:

Wir haben die Cudhâ'a vertrieben aus ganz Gaur,
bis an die Rieselbäche von Syrien haben sie ihr Vieh getrieben.
Bei meinem Leben! wenn auch ihre Wohnsitze weithin verlegt sind,
verbindet doch die Verwandtschaft die in der Ferne.
Nicht aus Hass haben wir sie vertrieben,
sondern wegen der von ihnen ausgegangenen Widerspenstigkeit,
womit der Nahdite angefangen, der keinen Lohn verdient,
am Morgen da er auf den Steinfeldern die trauenden belog.

Der Kampf hatte auf einem solchen Steinfelde stattgefunden, und

---

6) Vergl. Arabum proverbia ed. Freytag. Tom. I. pag. 123.

7) Daselbst Tom. II. pag. 18.

8) In den genealog. Tabellen *D* 12 'Abbâd ben 'Amr ben Bekr, nach dem Klassenbuche des Ibn Sa'd.

er meint die Rieselbäche der Landbebauer oder Ackerleute. Ueber diese Ackerleute sagt ein Mann von Kalb:

Denn wenn die 'Abd Wudd euch verliessen, so hättet ihr
als Ackerleute die Gränze der Ausländer beweiden können.

Abul-Farag fährt in seinen Ueberlieferungen nach seinen Gewährsmännern von el-Zuhrî, nachdem er die Geschichte des Ḥazîma mit Jadskur bis hierher erzählt hat, also fort: Nun zogen die Teim el-Lât ben Asad ben Wabara ben Taglib ben Ḥulwân ben 'Imrân ben el-Ḥâfi ben Cudhâ'a und ein Theil der Banu Rufeida ben Thaur ben Kalb ben Wabara und ein Theil der Asch'ar gen Baḥrein, bis sie nach Hagar kamen, wo damals einige Nabatäer wohnten, welche sie aus ihren Wohnsitzen vertrieben, worüber Mâlik ben Zuheir ben 'Amr ben Fahm ben Teimallah ben Asad ben Wabara ben Taglib ben Ḥulwân sagt:

Wir haben aus Tihâma alle Stämme vertrieben,
ohne dass die Banu Nizâr sich darum bekümmerten.
Ich gehöre nicht zu euren Leuten, sondern
wir verkaufen ein gewohntes Haus für ein anderes.

Als sie sich nun in Hagar niedergelassen hatten, fragten sie die Zarcâ, Tochter des Zuheir, eine Priesterin, was sagst du, o Zarcâ? sie antwortete: Palmen und Sicherheit, Datteln und Bân-Bäume sind besser als Schande! dann fuhr sie fort:

Sage Tihâma Lebewohl! nicht das Lebewohl eines Gebildeten
aus Höflichkeit, sondern aus Hass und Verachtung.
Verlass nicht Hagar als Wohnsitz einer Fremden,
dass es beraubt werde der Wandrer aus Tihâma!

Sie fragten: was meinst du damit, o Zarcâ? sie antwortete: „bleiben und verweilen! es wird kein Kind geboren, kein Vogel bricht sich durch, bis dass ein Rabe kommt, weiss und schwarz, glatt mit kahlem Kopfe und zwei goldenen Ketten; er fliegt und glänzt, er schreit und krächzt auf der hohen Palme zwischen den Wohnungen und dem Wege; dann ziehet fort in der Richtung, dann nach Ḥira!" Von diesem Ausspruche der Zarcâ: „bleiben und *tanûch* verweilen" erhielten jene Stämme den Namen Tanûch[9]) und es schlossen sich ihnen noch einige von el-

9) Aus der Verbindung مقام وتنوخ folgt, dass das zweite Wort ein Substantiv

Azd an, welche bis jetzt mit ihnen verbunden geblieben sind; die übrigen Familien von Cudhâ'a und Mahra hat ein schneller Tod ereilt. Eine Abtheilung der Banu Ḥulwân ben 'Imrân mit Namen Banu Tazîd ben Ḥulwân ben 'Imrân ben el-Ḥâfi ben Cudhâ'a zog aus unter ihrem Anführer 'Amr ben Mâlik el-Tazîdí und liess sich zu 'Abcar in Mesopotamien nieder; ihre Frauen webten Wolle und die Männer verfertigten daraus die sogen. 'Abcarischen Teppiche und die sogen. Tazîdischen Mäntel. Sie wurden in der Folge von den Türken überfallen, besiegt und zu Gefangenen gemacht, worauf sich die Verse des 'Amr ben Mâlik ben Zuheir beziehen:

O Gott! die Nacht, da wir nicht schliefen,
nach Dsât el-Ḥiçâb abgeführt,
Und unsre Nacht bei Âmid, da wir nicht schliefen,
wie unsre Nacht bei Majjâfârikîn [1]).

el-Ḥârith ben Curâd el-Bahrâní eilte den Banu-Ḥulwân zu Hülfe, traf aber erst auf Ubâg ben Salîḥ, Herrn von 'Ain Ubâg; in dem sich entspinnenden Kampfe wurde Ubâg getödtet, dann zogen die Bahrâ weiter und erreichten die Türken, schlugen sie und befreiten die Banu Tazîd aus ihren Händen. Hierauf beziehen sich die Verse des Ḥârith ben Curâd (nach Ibn Schabba war der Dichter Gudeij ben el-Dahâ ben 'Ischm ben Ḥulwân, oder nach el-Hamadsâní hiess er Gudeij ben Mâlik von den Banu 'Ischm):

Als wäre das Schicksal in drei Nächten vereinigt,
die ich in Schahrazûr zugebracht habe.
Wir haben den Barbaren Reihen von Ma'add
geordnet in Mesopotamien gleich dem Feuer.
Wir haben sie erreicht mit der ganzen Mannschaft von 'Ilâf,
vertrieben wurden sie durch die starken Hengste [2]).

---

von تنوّخ ist „das Verweilen“ und Feiruzabâdi bezeichnet es als Fehler, dass Gauhari den Namen unter نوخ aufführt, als hiesse *tanûch* sie lässt sich nieder, oder du lässest dich nieder; über die Aussprache des Namens *Tanûch* herrscht bei den Arabischen Gelehrten nur einerlei Meinung, nicht Tunûch, wie sonst das Subst. von تنوّخ lautet.

1) Jâcût, Bd. 1. S. 67.

2) Jâcût, Bd. 2. S. 73. 283.

Die Saliḥ ben 'Amr ben el-Ḥâfi ben Cudhâ'a zogen fort unter Anführung des Ḥadragân ben Salima, bis sie sich in der Gegend von Palästina bei den Banu Udseina ben el-Sameida'-von den 'Amalikiten niederliessen. Die Aslum ben el-Ḥâfi, nämlich 'Udsra, Nahd, Ḥautaka und Guheina zogen weiter, bis sie sich zwischen el-Ḥigr und Wâdil-Curá niederliessen.

Die Tanûch wohnten in Baḥrein zwei Jahre, da erschien ein Rabe mit zwei goldenen Ringen an seinen Füssen, er liess sich auf einem Palmbaume nieder, unter welchem sie versammelt waren, krächzte mehrere Male und flog dann wieder fort. Da erinnerten sie sich des Ausspruches der Zarcâ, sie zogen weiter, bis sie sich bei el-Ḥîra niederliessen, und sie waren die ersten, welche den Grund zu dieser Stadt legten; ihr Anführer war damals Mâlik ben Zuheir. Als sie hier Wohnung genommen hatten, vereinigten sich mit ihnen eine Menge Leute von dem Abschaum der umliegenden Ortschaften, und sie blieben hier einige Zeit, dann überfiel sie Sâbûr der ältere, Dsul-Aktâf, und lieferte ihnen eine Schlacht. Ihre Parole war damals „auf! ihr Diener Gottes!" und sie wurden *'Ibâd* Diener genannt. Sabûr schlug sie, worauf der grösste Theil von ihnen, die aufbrechen konnten, fortzog nach el-Ḥadhr in Mesopotamien unter Anführung des Dheizan ben Mu'âwia el-Tanûchí, bis sie sich in el-Ḥadhr niederliessen, welches von el-Sâṭirûn el-Garmakâní erbaut worden war. Dort blieben sie bei der Fürstin el-Zabbâ, in deren Dienst sie traten, und als diese von 'Amr ben 'Adí ermordet wurde, bemächtigten sie sich der Regierung, bis sie von den Gassaniden unterworfen wurden.

Die übrigen Stämme von Cudhâ'a (in Jemen) wurden von den Ḥimjariten bekriegt und ihnen die Wahl gelassen, ob sie bleiben und Tribut bezahlen, oder ob sie auswandern wollten. Sie wählten das letztere, und dies waren die Kalb, Garm und el-'Ilâf d. i. die Söhne des Rabbân ben Taglib ben Ḥulwân; diese waren die ersten, welche die 'Ilâfischen Sättel verfertigten und el-'Ilâf ist ein Beiname des Rabbân. Sie begaben sich nach Syrien, wo nach einiger Zeit die Kinâna ben Chuzeima sie überfielen, ein grosses Blutbad unter ihnen anrichteten und sie in die Flucht schlugen, worauf sie nach el-Samâwa zogen, wo bis heute ihre Wohnsitze sind.

Soweit der Bericht des Abul-Farag. Der Verfasser bemerkt hierzu, dass der Angabe, die 'Ibâd hätten diesen Namen von ihrer Parole, von anderen widersprochen wird. Ibn Dureid sagt, dass sie nur desshalb 'Ibâd genannt seien, weil sie den Persischen Königen gehorsam waren [3], und el-Ṭabarí bemerkt zu der Coranstelle (Sure 23, 49): „deren beider Volk uns dienend ist", d. h. gehorsam. Aḥmed ben Abu Ja'cûb dagegen sagt, die Christen von Ḥîra hätten den Namen *'Ibâd* (Plur. von *'abd*) daher bekommen, weil in einer Gesandtschaft von fünf Personen an Kisrá, die er nach ihren Namen fragte, sämmtliche Namen mit 'Abd zusammengesetzt waren, sie hiessen: 'Abd el-Masîḥ, 'Abd Jalîl, 'Abd Jasû', Abdallah und 'Abd 'Amr, so dass Kisrá sagte: „ihr seid ja lauter 'Ibâd", worauf sie diesen Namen erhielten.

Ibn Schabba sagt: dann brachen die Cudhâ'a sämmtlich von Gaur Tihâma auf: Sa'd Hudseim und Nahd, die beiden Söhne des Zeid ben Leith ben Sûd ben Aslum ben el-Ḥâfi ben Cudhâ'a, zogen nach Nagd, die Kalb ben Wabara ben Taglib ben Ḥulwân ben 'Imrân wandten sich nach Ḥadhan, el-Sijj und den umliegenden Gegenden, mit Ausnahme von Schukmallah ben Rufeida ben Thaur ben Kalb, welche sich den Nahd ben Zeid el-Lât ben Asad ben Wabara ben Taglib ben Ḥulwân ben 'Imrân nach Baḥrein anschlossen und dort bei ihnen blieben. Die 'Oçeima ben Labw ben Amrimenât ben Futeia ben el-Namir ben Wabara ben Taglib zogen mit Kalb und vereinigten sich mit ihnen; auch einige Familien von Garm ben Rabbân ben Ḥulwân ben 'Imrân zogen mit ihnen, blieben bei ihnen in Ḥadhan und nahmen hier ihren Aufenthalt. Die übrigen Stämme von Cudhâ'a breiteten sich in verschiedenen Ländern aus, indem sie den für ihren Unterhalt geeigneten Plätzen nachgingen und die Ufer und bebauten Gegenden aufsuchten; so fanden sie weite Landstriche verlassen an der Syrischen Gränze, deren grösster Theil verwüstet, deren Brunnen verschüttet, deren Wasser verlaufen war, weil Buchtnaççar sie zerstört hatte. Die Cudhâ'a trennten sich danach in vier Theile [jedoch nicht genau nach Familien], indem manche [statt den Vä-

3) So bei Ibn Challikân, vit. Nr. 87.

tern] den Schwiegervätern oder Oheimen folgten. So zog Dhag'am ben Hamâṭa ben 'Auf ben Sa'd ben Saliḥ ben Ḥulwân ben 'Imrân ben el-Ḥâfi ben Cudhâ'a und Labîd ben el-Ḥadragân el-Saliḥí mit dem grössten Theile der Saliḥ und einigen anderen Familien von Cudhâ'a an die Syrische Gränze, wo damals der 'Amalikiter Dharib ben Ḥassân ben Udseina ben el-Sameida' ben Haubar über die Araber herrschte. Sie verbanden sich mit ihm und er wies ihnen die Syrischen Warten zwischen el-Balcâ, Ḥuwwârîn und el-Zeitûn zu Wohnplätzen an, und sie blieben im Dienste der Amalikitischen Könige, zogen mit ihnen ins Feld und machten gemeinschaftlich Beute, bis el-Zabbâ, Tochter des 'Amr ben Dharib ben Ḥassân zur Regierung kam, deren Reiterei und erste Beamte sie wurden; und als diese von 'Amr ben 'Adí ben Naçr ermordet wurde, bemächtigten sie sich der Regierung und behaupteten sich darin, bis die Gassaniden die Oberhand erhielten. Die Saliḥ und jene anderen Stämme befinden sich aber bis jetzt noch in den Wohnsitzen, welche sie damals inne hatten. — 'Amr ben Mâlik el-Tazîdí zog mit den Tazîd und 'Ischm, Nachkommen des Ḥulwân ben 'Imrân, und einem grossen Theile der 'Ilâf d. i. Rabbân ben Ḥulwân, nämlich 'Auf ben Rabbân und Garm ben Rabbân, an die Gränze von Mesopotamien und gingen dann in die dortigen Ortschaften und bebauten Plätze und vermehrten sich darin. Ein Treffen, welches sie hier mit den Persern zu bestehen hatten, verlief für sie glücklich, worauf sich die beiden oben erwähnten Gedichte ihres Dichters Gudeij ben el-Dahâ und des 'Amr ben Mâlik beziehen. Sie blieben in der Gegend von Mesopotamien, bis Sâbûr Dsul-Aktâf sie angriff, das Land eroberte und einen grossen Theil der Tazîd, 'Ischm und 'Ilâf umbrachte; ein Rest von ihnen ist in Syrien übrig geblieben.

Balí, Bahrâ und Chaulân, Söhne des 'Amr ben el-Ḥâfi ben Cudhâ'a, Mahrâ ben Ḥeidân und die sich ihnen angeschlossen hatten, zogen in die Gegenden von Jemen und drangen darin vor, bis sie sich in Mârib, dem Lande der Sabâ, niederliessen, nachdem die Azd daraus abgezogen waren. Als sie einige Zeit dort gewohnt hatten, liessen sie einen Sklaven des Irâscha ben 'Âmir ben 'Abîla ben Kismil ben Farân ben Balî, Namens Asch'ab in einen Brunnen zu Mârib hinab und ihre Eimer ihm nach, die er für seinen Herrn zu füllen begann und rasch auf einander folgen liess; bei Zeidallah ben 'Âmir ben 'Abîla zögerte er, und dieser aufgebracht warf mit dem Rufe „nimm dich in Acht, Asch'ab!" einen Stein hinunter, der ihm den Schädel spaltete; darüber kam es unter ihnen zu einem Kampfe und sie trennten sich. Nun behaupten die Cudhâ'a, die Chaulân seien im Innern geblieben und hätten sich in Michlâf Chaulân niedergelassen, auch die Mahra seien dort geblieben und ihre Niederlassung sei el-Schiḥr, ihre Abstammung sei Mahra ben Ḥeidân ben 'Imrân ben el-Ḥâfi, und die andere Chaulân ben 'Amr ben el-Ḥâfi. Dem widersprechen die Genealogen von Jemen und sagen, er sei Chaulân ben 'Amr ben Mâlik ben Murra ben Udad ben Zeid ben Jaschġub ben 'Arîb ben Zeid ben Kahlân ben Sabâ ben Jaschġub ben Ja'rub ben Caḥṭân. — Die 'Âmir ben Zeidallah ben 'Âmir ben 'Abîla schlossen sich an Sa'd el-'Aschîra und die Zeidallah behaupten, dass sie von Sa'd el-'Aschîra abstammen. el-Muthallam ben Curṭ el-Balawí sagt darüber:

Hast du nicht gesehen, dass der Stamm im Wohlstand war
in Mârib, als sie dort zusammen wohnten?
Balí, Bahra und Chaulân als Brüder,
ein Zweig von 'Amr ben Ḥâfi, der sich abgezweigt hatte.
Dort blieb Chaulân nach dem Tode seines Stiefbruders,
und wurde fürwahr ein reicher, begüterter Mann im Lande.
Ich habe keinen Stamm unter Ma'add gesehen,
der mit mehr Macht und Kraft als wir seinen Wohnsitz behauptete[4]).

Mehrere von diesen Stämmen kehrten aber auch in ihre Heimath nach Tihâma und Ḥiġâz zurück und zerstreuten sich darin nach ihrer Ankunft; so liess sich Dhubei'a ben Ḥaram ben Ġu'al ben 'Amr ben Ġuscham ben Wadm ben Dsubjân ben Humeim ben Dsuhl ben Haní ben Balí mit seinen Kindern und Hausgenossen zwischen Amaġ und Ġurân[5]) nieder; dies sind zwei Wâdis, die von Ḥarra Banu Suleim an-

4) Jâcût, Art. مارب

5) Die Handschr. haben hier und in den folgenden Versen 'Arwân, was schon in das Versmass nicht passt; Jâcût Bd. 3. S. 783 hat die Stelle wörtlich.

fangen und sich ins Meer ergiessen. Sie besassen Vieh und Vermögen und Dhubei'a hatte ein schwarzes Kameel mit Namen Dag'ag'ân; während sie schliefen, kam plötzlich eine Fluth über sie und führte Dhubei'a und sein Kameel mit sich fort, wesshalb sein Klageweib sagte:

Die beiden Wâdis Amag' und Gurân strömten und gingen
mit Dhubei'a ben Ḥarâm und seinem Kameele Dag'ag'ân davon.

Die Nachkommen des Dhubei'a wandten sich mit ihren Angehörigen nach Medina und der Umgegend, nämlich Salima ben Ḥâritha ben Dhubei'a, Wâïla ben Ḥâritha und el-A'glân ben Ḥâritha; sie liessen sich bei Medina nieder und wurden Verbündete der Ançâr, und als ihnen in der Folge der dortige Aufenthalt zu ungesund schien, wandten sie sich nach el-'Gandal, el-Sucjâ und el-Raḥba. — Die Banu Ucif ben 'Guscham ben Tamîm ben 'Audsmenât ben Nâ'g ben Teim ben Irâscha ben 'Âmir ben 'Abîla liessen sich in Cubâ nieder und zu ihrer Familie gehört Ṭalḥa ben el-Barâ el-Ançârí. — Die Banu Guçeina, das sind die Banu Suwâd ben Murí ben Irâscha, zu deren Familie el-Mu'gaddsar ben Dsijâd el-Badrí gehört, liessen sich in Medina nieder, ebenso auch die Banu 'Obeid ben 'Amr ben Kilâb ben Duhmân ben Ganm ben Dsuhl ben Humeim (siehe oben), zu deren Familie Abu Burda ben Nijâr ben 'Amr ben 'Obeid ben 'Amr el-'Acabí el-Badrí gehört. Bei dem Bergwerke der Suleim blieben die Farân ben Balí mit einer Abtheilung von Balí und diese sind die Banu el-Achtham ben 'Auf ben Habîb ben 'Oçajja ben Chufâf ben Amrulqeis ben Buhtha ben Suleim, welche die Schmiede genannt werden und behaupten, dass ihre Vorfahren von Balí abstammten und sich mit dortigen Arabischen Ureinwohnern von den Banu Fârân ben 'Amr ben 'Amlîk vereint hätten. Einer von ihnen Namens 'Okeil ben Fudheil hatte zur Zeit des Omar ben el-Chaṭṭâb einen Streit mit den Banu el-Scharîd über das Bergwerk bei Fârân, da sagte Chufâf ben 'Omeir hierüber:

Wann gehörten den beiden Schmieden, dem Schmidt von Ṭamijja
und dem Schmidt von Balí, die beiden Bergwerke bei Fârân [6])?

---

6) Jâcût Bd. 3. S. 866.

Da antwortete 'Okeïl ben Fudheil, indem er seine Verwandtschaft mit Balí und seine Abstammung von ihnen hervorhob:

Ich heisse 'Okeil und wir werden nach Sulcim benannt,
aber das richtige Geschlecht ist, dass ich von Balí abstamme.

Einige Stämme von Balí liessen sich in einem Lande nieder, welches Schagb und Badâ heisst und zwischen Teimâ und Medina liegt; sie lebten hier, bis ein Krieg entstand zwischen den Banu Ḥischna ben 'Okârima ben 'Auf ben 'Gunscham ben Wadm ben Humeim ben Dsuhl ben Haní ben Balí und zwischen el-Rab'a ben Mu'attim ben Wadm (so sagt Ibn Schabba; el-Raba'a mit Fatḥa über *r* und *b* ist aber ein Sohn des Sa'd ben Humeim ben Dsuhl ben Haní ben Balí); die Ḥischna tödteten einige Leute der Banu el-Rab'a und zogen sich dann nach Teimâ zurück. Hier wollten sie aber die Juden nicht in ihre Festung aufnehmen, da sie einen anderen Glauben hatten, und erst nachdem sie sich zum Judenthum bekannt hatten, wurden sie in die Stadt eingelassen. Sie blieben bei ihnen einige Zeit, dann gingen einige von ihnen nach Medina, und als Gott den Islâm erscheinen liess, waren hier noch Reste von ihren Nachkommen vorhanden, unter anderen 'Oweim ben Sâ'ida, dessen Nachkommen dann ihr Geschlecht von 'Amr ben 'Auf ben Mâlik ben el-Aus ableiteten, und Ka'b ben 'Ogra, welcher bei seiner Abstammung von Balí geblieben war, in der Folge aber sein Geschlecht von 'Amr ben 'Auf unter den Ançâr ableitete. Die Familien von Ḥischna ben 'Okârima blieben in Teimâ, bis Gott in seinem Zorn die bekannte Offenbarung über die Juden von Ḥigâz herabkommen liess, da sprach Abul-Dsajjâl der Jude, einer der Banu Ḥischna ben 'Okârima, indem er über die Juden weinte:

Meine Augen haben nicht einen ähnlichen Tag gesehen, wie den
bei Ra'bal, wie waren die Arak-Bäume so roth und voll Früchte!
Unsere Tage bei el-Kibs waren schon kurz,
doch die Tage bei Ra'bal waren noch kürzer.
Und doch habe ich von der ganzen Familie Samuels
mit schönem Antlitz keinen gesehen, der etwas verschuldet hätte.

el-Dîl, 'Auf und Aschras, die Söhne des Zeid ben 'Âmir ben 'Abîla zogen zu den Banu Taglib und lebten mit ihnen, indem sie sich die Genealogie Zeidallah ben 'Amr ben Ganm ben Taglib beilegten; über sie sagt el-Achṭal:

Die Zeidallah haben kleine Füsse,
selten findet man für sie die Schuhe.

Ihre Brüder 'Âmir ben Zeid zogen zu den Madsḥi'g und leiteten ihre Abkunft von Sa'd el-'Aschîra ab, als Zeidallah ben Sa'd el-'Aschîra.

Die ersten unter den Cudhâ'a, welche das Land Na'gd betraten und dort in die Wüste zogen, waren 'Guheina, Nahd und Sa'd Hudseim, die Söhne des Zeid ben Leith ben Sûd ben Aslum ben el-Ḥâfi ben Cudhâ'a. Als ein Reiter an ihnen vorüber kam und sie fragte, wer sie seien, antworteten sie: wir sind Banu el-Çaḥrâ (Söhne der Wüste); da sagten die Araber: dies sind die Çuḥâr, ein Name, abgeleitet von el-Çaḥrâ, und Zuheir ben 'Ganâb el-Kalbí sagt desshalb, indem er die Banu Sa'd ben Zeid meint:

Meine Kameele sind ihnen nicht gewachsen,
und meine ausdauernde Geduld nicht entsprechend.
Abhalten werden sie die Reiter von Balí
und ebenso die Reiter von Çuḥâr.
Auch halten sie ab die Banu el-Kein ben 'Gasr,
wenn ich den jungen Burschen mein Feuer anzünde.
Auch halten sie ab die Banu Nahd und 'Garm,
wenn der Kampf in dem Feldzuge sich in die Länge zieht.
Lauter kräftige Streiter kommen dabei zu Hülfe,
und die Ahjab bleiben zum Schutze der Wohnungen [7]).

Die Genealogie ist Ahjab ben Kalb ben Wabara. Als Bischr ben Sawâda ben Schilwa el-Taglebi den Tod der Taglebiten Banu 'Adí ben Usâma ben Mâlik bei den Banu el-Ḥârith ben Sa'd Hudseim ben Zeid ben Sûd ben Aslum ben el-Ḥâfi ben Cudhâ'a meldete, sprach er:

Genügten nicht die Kinâna ohne ihre Brüder
Zuheir in den grossen Ereignissen?
So kämpfte unser Corps und die Banu 'Adí,
Dass man wusste, wer von uns der Herr von Çuḥâr sei [8]).

Und Bischr ben Abu Ḥâzim el-Asadí sagt:

---

7) Jâcût, Bd. 3. S. 368. 8) Daselbst S. 369.

Und es entbrannte für die Ṭâïten der beiden Berge ein Krieg,
von dem aus Angst Çuḥâr erbebte.

Ḥâǵiz el-Azdí, von Azd Schanûa, einer der Banu Salâmân ben Mufarriǵ, sagte in dem Kriege, welcher zwischen el-Azd und Madshiǵ und ihren gegenseitigen Verbündeten ausgebrochen war, indem er die Banu Nahd ben Zeid meint und mit ihnen die Ǵarm ben Rabbân ben Ḥulwân ben 'Imrân ben el-Ḥâfi ben Cudhâ'a verbindet, da die Nahd und Ǵarm in jenen Gegenden Verbündete und Nachbaren waren und Ǵarm die Wüste betreten und sich in Naǵd festgesetzt hatten:

Da kamen die Chath'am und Banu Zubeid
und die Madshiǵ sämmtlich und beide Söhne Çuḥâr's,
Und wir erkannten sie nicht, bis sie sich gelagert hatten,
als wären sie Rabî'a mit den grossen Stämmen.

Und in dem Kriege, welcher zwischen den Banu Suleim und Banu Zubeid entstanden war, sagte 'Abbâs ben Mirdâs, indem er die Nahd meint und mit ihnen die Ǵarm ben Rabbân verbindet:

So lass sie! aber kam nicht dahin unser Führer
zu unsern Feinden, wir wollten das schwere Vieh aus den Ställen treiben,
mit einem Corps, das die Söhne Çuḥâr's beide und die
Familie Zubeid übertraf, aus Irrthum oder Täuschung [9]).

Die Ǵuheina, Nahd und Sa'd blieben bei Çuḥâr in Naǵd wohnen und mehrten sich, dass sie Kindeskinder erlebten, bis Ḥazîma ben Nahd, der ein widerspenstiger, kühner, verwegener Mensch war, über el-Hârith und Gurâba, zwei Söhne des Sa'd ben Zeid, herfiel und beide tödtete; darauf beziehen sich die Verse seines Vaters Nahd:

Und war es nicht meine Rettung vor dem Aufrufe des Gurâba,
dass der Platz meines Hauses am Fusse und an dem Berge war?
Und die Noth, die gleich der Hitze des Feuers eindrang,
ich habe sie vergessen bei der Untersuchung der fleischigen Kameele,
der tiefen festgemauerten Brunnen,
geplattet im Grunde mit einer Platte, die sich nicht verschiebt.

Nahd war gesichert durch ein grosses Gefolge und ansehnliche Kinderschaar, er erreichte ein hohes Alter und hatte unter seinem Volke

9) Jâcût, Bd. 3. S. 369.

die grösste leibliche Nachkommenschaft, nämlich vierzehn Söhne und zwar von Barra, der Tochter des Murr ben Udd ben Ṭâbicha ben el-Jâs ben Mudhar, welche auch die Mutter des Asad ben Chuzeima und des Nadhr ben Kinâna war, den Mâlik, Ḥazîma, 'Amr genannt Kabid [oder Kabal], Zeid, Mu'âwia, Çubâḥ und Ka'b, den Vater des Sûd; von einer Frau von Cudhâ'a von den Banu el-Qein ben Ġasr den Ḥandhala, Âïdsa, 'Âïr, Ġuscham gen. el-Ṭûl, Schabâba, Abân und Buteira [1]. Nahd machte, als ihm der Tod nahte, seinen Söhnen ein Testament, indem er sprach: Ich verpflichte euch, dass ihr den Menschen Böses thut mit schallenden Schlägen und gelinden Stössen, redet mit ihnen wenig, seht sie von der Seite an und versetzt ihnen Stösse, haltet die Zügel kurz und macht die Lanzenspitzen scharf, und lasst das Vieh weiden der Regenwolke nach, wo sie auch sei. Da sagte einer von seinen Söhnen (es soll Ḥazîma gewesen sein): „und wenn sie auf einem Felsen ist?“ Nahd antwortete: „der Fels ist ihr rechter Platz“; und er gestattete ihnen nicht, den Weideplatz aufzugeben. Dies ist das Vermächtniss Nahd's, wie es die Araber im Gedächtniss behalten haben. Hubeira ben 'Amr ben Ġurthuma el-Nahdí sagt daher:

Unser Vater hat uns verpflichtet und wir folgen seinem Vermächtniss,
denn jeder Mann, dem sein Vater ein Vermächtniss macht, muss danach handeln.
Er hat uns also verpflichtet: gebt euer Land nicht preis
und vertheidigt es, so wie wir dafür gekämpft haben!
Wenn das Feuer des Feindes angezündet wird, so höre eure Flamme,
womit der Krieg vertrieben wird, nicht auf zu brennen!
Unsre Kinder und Frauen beschützten tapfre Männer,
Und ein wohlgerichteter Stoss vertrieb die feindlichen Reiter.
Nur unsre Schwerdter verjagten von uns die Leute
und eine Chaṭṭische Lanze von denen, die Zâ'ib schäftete.
Kinda ging mit Drohungen voran und Madsḥiġ
und Schahrân von Ḥiġâz Bewohnern und Wâhib.

Zâ'ib war ein Mann von Ḥimjar, welcher die Lanzen gerade machte.

---

1) Der letzte Name, für welchen die Handschr. noch einmal 'Âïdsa haben, ist entlehnt aus Muhammed ben Habib, Stämmenamen, S. 43, jedoch zweifle ich, ob er hierher gehört.

'Amr ben Murra ben Mâlik el-Nahdí, einer der Banu Zuweij ben Mâlik, sagte zur Zeit des 'Alí ben Abu Ṭâlib:

Ich reiste zu den Kalbiten mitten durch ihr Land,
und sie hörten niemand über mein Vorhaben reden.
Sie waren, wie ich gedacht hatte, als ich zu ihnen reiste,
und wer Grossthaten kennt, ist nicht wie der, der sie nicht kennt.
Ich hatte meine Rechte verpfändet bei den Cudhâ'a allen,
und bin zurückgekehrt belobt unter ihnen und nicht unbekannt.
Darauf hat mich Zuweij ben Mâlik verpflichtet,
und Nahd ben Zeid bei den ersten Unternehmungen,
Er hat mich verpflichtet: gebt euer Land nicht preis!
und vertheidigt es, redet offen auf den Sammelplätzen!
Und sucht mit aller Anstrengung Grossthaten zu vollbringen,
denn sie entscheiden zur Zeit des Wettkampfs beim Streit um die Ehre.

Ḥandhala ben Nahd war einer der edelsten Araber; er besass eine Niederlassung in 'Okâdh bei ihren Festversammlungen, und eine in Tihâma und Ḥigâz; darauf beziehen sich die Worte eines Dichters:

Ḥandhala ben Nahd ist der beste Mann unter den Ma'add.

el-Dsuweid, mit Namen Gadsîma ben Çubḥ ben Zeid ben Nahd, lebte lange Zeit, die Araber gedenken keines, der ein so hohes Alter erreicht habe, wie er, sie behaupten, er habe 400 Jahre gelebt. Als ihm der Tod nahte, sprach er:

Heute wird dem Dsuweid sein Haus gebaut
und einem bunt geätzten Handgelenk, dass ich bewegt habe,
und einem Besitz, den ich gegen den Angriff vertheidigt habe.
Wäre ein Wagniss zu unternehmen, ich würde es bestehen,
oder wäre mein Gegner irgend einer, ich würde ihm genügen.

Auch sprach er:

Das Schicksal hat mir Fuss und Hand gegeben,
und eines Tags verdirbt das Schicksal, was ich gut gemacht.
Doch ist der Tod ein Glück, wenn er plötzlich kommt.

Als nun Ḥazîma die beiden Söhne des Sa'd ben Zeid getödtet hatte, brachen Feindseligkeiten unter den Angehörigen aus, sie kämpften gegen einander und zerstreuten sich dann in den Ländern, in die sie kamen.

Ibn el-Kalbí sagt: Die erste Veranlassung, dass die Guheina ben Zeid ben Leith ben Aslum ben el-Ḥâfi ben Cudhâ'a nach ihren Bergen zogen und dort ihre Wohnung nahmen, war, wie Abu Abd el-Raḥman el-Medení verschiedenen Arabern nacherzählt, folgende: Als einst mehrere Leute bei der Ka'ba versammelt waren, sahen sie eine hohe Gestalt den Umgang machen, ihr Kopf reichte bis oben an die Ka'ba; die Leute liefen eilends davon, doch als die Gestalt ihnen nachrief: „fürchtet euch nicht“! kehrten sie zu ihr zurück und sie sprach:

O Gott! du Herr des weiten Tempels,
und Herr aller Fussgänger und Reiter!
Du hast hochstämmige Burschen geschenkt
und eine Kameelschaar, worüber der Melker erstaunt,
und Kleinvieh wie die Heuschrecken, die über das tägliche Geschirr
und alles vorüberkommende hinweg gehen.

Als sie näher zusahen, war es ein Weib, und sie fragten: bist du ein menschliches Wesen oder eine Ǵinne? sie antwortete: nein, ich bin eine menschliche Frau aus der Familie Ǵurhum, uns haben die Ameisen vernichtet zur bekannten Zeit, durch Schicksale und einen vernichtenden Tod, wegen unseres Uebermuths und verbrecherischen Treibens; dann fuhr sie fort:

Wer mir jeden Tag ein Kameel schlachtet
und mir Reisevorrath und ein Reitthier herrichtet,
und mich in das Land Akûr führt,
dem will ich viele Schätze schenken.

Zwei Männer von Ǵuheina erklärten sich hierzu bereit und zogen mit ihr mehrere Tage, bis sie zu dem Berge der Ǵuheina kam; hier ging sie nach dem Orte der Ameisen und sagte: „grabt ihr beiden an dieser Stelle“; da gruben sie viele Schätze von Gold und Silber aus und beluden damit ihre beiden Kameele. Dann sprach sie zu ihnen: wenn ihr euch umwendet, wird euch was ihr mit euch führt abgenommen werden. Die Ameisen kamen nun herbei, so dass sie sie bedeckten, und sie entfernten sich eine kurze Strecke, und als sie sich nun umwandten, wurden ihnen die Schätze, die sie mit sich führten, genommen. Sie riefen: giebt's denn kein Wasser? sie antwortete: ja, sehet zu an der Stelle dieser Hügel, und während sie schon von den Ameisen bedeckt war, sprach sie:

Oh wehe mir! oh wehe mir! desswegen weil
ich sehe, dass die kleinen Ameisen meine List übertreffen;
sie bekommen die Oberhand, da sie mir die Adern zerschneiden,
weil sie sehen, dass mir kein Ort mehr übrig ist,
in dem ich eine sichre Zuflucht finde.

Die Ameisen drangen nun in ihre Nasen- und Ohrlöcher ein, da fiel sie auf die Seite um und starb. Die beiden Guheiniten fanden bei dem Hügel Wasser und dies ist das, welches Masch'gar genannt wird, in der Gegend von Farsch bei Malal ungefähr sieben Tage von Mekka und eine Nacht von Medina, seitwärts von Math'ar, einem bekannten Wasser der Guheina, und Nachkommen von ihnen sollen in jenen Gegenden noch vorhanden sein, und es leben dort viele der Guheina. Die Bewohner jener Jandad genannten Gegenden waren Reste der Gudsâm, welche nun durch die Guheina von dort vertrieben wurden. Es giebt dort Palmen und Wasser und darauf beziehen sich die Worte eines Mannes von Gudsâm, als er von dort fortzog, indem er sich nach Jandad und seinen Palmen wandte:

Lass dich befruchten, Jandad, es nützt dir nichts.

Eine alte Frau von Gudsâm hatte dort einige kleine Palmen auf einem freien Platze vor ihrer Wohnung, und wenn sie danach gefragt wurde, pflegte sie zu sagen, das sind meine Töchter, davon hiessen sie *banat bâhna* die Töchter der kleinen Frau[2], weiter kennt man sie nicht; sie standen an einem Platze vor Jandad und darüber sagt ein Jambendichter:

Der Pflanzer pflanzt nur 'Agwa,
oder Ibn Țâb fest auf hohem Boden,
oder Çajjâbi[3]) oder Töchter der Bahna.

Die Guheina liessen sich nun in jenen Gegenden nieder, ein Stamm folgte dem anderen, eine Abtheilung der anderen, bis gegen zwanzig

---

2) Dies ist ein passender Sinn, wenn بهنة mit بهزة einerlei ist; der Leydener Codex hat indess بجنة, und ج würde in den Versen zu den beiden anderen Reimworten تجرة und نجرة besser passen, nur weiss ich hierfür keine Deutung.

3) Die Namen bezeichnen verschiedene Sorten von Palmen.

grössere Familien dort waren; sie zerstreuten sich in jenen Bergen, deren Namen el-Asch'ar, el-A'grad, Cudus, Åra, Radhwá und Çindid; sie breiteten sich aus in den Schluchten, Thälern und Fluren, die reich waren an Quellen, Palmen, Oliven und Ban-Bäumen, Jasmin und Honig und verschiedenen Arten von Bäumen und Pflanzen; sie kamen bis zu den weiten Ebenen des Idham, eines grossen Wâdi, welches andere Wadis aufnimmt und sich ins Meer ergiesst, und ihre Niederlassungen waren besonders bei Dsu Chuschub, Jandad, el-Ḥâdhira, Lacf, el-Feidh, Buwâṭ, el-Muçalla, Badr, Chufâf, Waddân, Janbu' und el-Ḥaura, und sie kamen bis in die Nähe von el-'Arg, den beiden Chabt, el-Ruweitha und el-Rauḥâ. Dann zogen sie dem Meeresufer entlang und breiteten sich in dessen Absenkungen und sonst hin aus, bis sie in der Gegend von Ḥacl, dem Ufer von Teimâ, mit den Balí und Gudsâm zusammenstiessen. In diesen Niederlassungen am Ufer waren auch Stämme von Kinâna ihre Nachbaren, und Abtheilungen der Guheina wohnten in Dsul Marwa und der angränzenden Gegend bis nach Feif. Die Guheina blieben in ihren Niederlassungen, bis darin die Aschga' ben Reith ben Gaṭafân ben Sa'd ben Keis ben 'Ailân ihre Nachbaren wurden, in der Folge kamen auch die Muzeina ben Udd ben Ṭâbicha ben el-Jâs ben Mudhar dahin. Alle diese Stämme waren Nachbaren in jenen Gegenden und machten ihre Ansprüche daran geltend, und welche Berge und Länder jeder Stamm im Besitz hatte, ist aus der Geschichte dieses Stammes bekannt und finden sich die Angaben darüber in diesem Buche. Als dann einige Familien von Guheina mit anderen von Keis 'Ailân in Streit geriethen, zogen jene in die Gegend von Cheibar und Harra el-Nâr bis el-Cuff und desshalb sagt el-Ḥuçein ben el-Ḥumâm el-Murrí in dem Kriege, welcher zwischen Çirma ben Murra und Sahm ben Murra ausgebrochen war:

O ihr unsre beiden Brüder von Vater und Mutter!
lasset ab von unseren beiden Verwandten aus Cudhâ'a, dass sie abziehen.
Und wenn ihr es nicht thut, ihr verächtlichen,
so hängt uns nicht an, was wir verabscheuen, sonst werden wir zornig.

Die Guheina blieben fortwährend in jenen Gegenden und Bergen an den Orten, die ihnen übrig geblieben waren, nachdem die Aschga' und Muzeina ihren Theil davon bekommen hatten, bis der Islâm kam und der Prophet sich auf die Flucht begab.

Nach den Guheina wanderten Sa'd Hudseim und Nahd, die beiden Söhne des Zeid ben Leith ben Aslum ben el-Ḥâfi ben Cudhâ'a, aus und liessen sich in Wadil-Curá, el-Ḥigr, el-Ginâb und den angränzenden Ländern nieder und es schlossen sich ihnen an Ḥautaka ben Sûd ben Aslum ben el-Ḥâfi ben Cudhâ'a, Abtheilungen von Cudâma ben Garm ben Rabbân d. i. 'Ilâf ben Ḥulwân ben 'Imrân ben el-Ḥâfi ben Cudhâ'a und die Banu Malakân ben Garm mit Ausnahme von Schukm ben 'Adí ben 'Amr [oder Ganm] ben Malakân ben Garm, einer Familie, die ihre Abstammung von Fazâra herleitet und sich Schukm ben Tha'laba ben 'Adí ben Fazâra nennt; ein Volk gehört dahin, wo es sich selbst hinstellt. — Diese Stämme liessen sich in jenen Gegenden nieder und blieben darin, bis sie sich vermehrten und ausbreiteten; da entstand unter ihnen ein Krieg, an Zahl und Macht waren die Stämme von Sa'd ben Zeid den anderen überlegen und sie vertrieben Nahd, Ḥautaka und die Familien von Garm aus ihren Besitzungen. Das Oberhaupt der Sa'd war damals Rizâḥ[4]) ben Rabí'a ben Ḥarâm ben Dhinna ben 'Abd ben Kabîr ben 'Odsra ben Sa'd ben Zeid, ein Stiefbruder des Cuçeij ben Kilâb, und die Cudhâ'a haben sich, ausser noch unter Zuheir ben Ganâb, unter keinem anderen vereinigt. Als Zuheir ben Ganâb erfuhr, dass Rizâḥ die verwandten Stämme aus jenen Gegenden vertrieben habe, war er darüber sehr ungehalten, weil er wusste, dass ihre Trennung eine Verringerung und Schwächung ihres Ansehens und ihrer Macht zur Folge haben würde, und aus Unmuth hierüber sagte er:

Ist nicht Jemand, der von mir an Rizâḥ Nachricht brächte?
Sieh! ich tadle dich wegen zweierlei:
Ich tadle dich wegen der Banu Nahd ben Zeid
über die Art, wie du sie von mir getrennt hast.
O Ḥautaka ben Aslum! Leute die euch mit Schlechtigkeit
behandeln, behandeln auch mich so.

4) In den genealog. Tabellen habe ich, dem Câmûs und der Ḥamâsa folgend, Darrâg für richtig gehalten, sehe aber nun, dass dieser Name nicht in das Metrum der folgenden Verse passt.

Nun zogen Nahd, Ḥautaka und Ǵarm aus jenen Gegenden fort und einige Abtheilungen von ihnen zerstreuten sich unter den Arabern; so schlossen sich die Banu Abân und Banu Nahd an die Banu Taglib ben Wâïl, und dies soll die Familie des Hudseil ben Hubeira el-Taglebí sein. 'Amr ben Kulthûm sagt, indem er diesen Hudseil meint:

Du bist vernichtet und hast die ganze Schaar vernichtet,
dein (*nahd*) Ziel war Nahd, ich sehe für dich keinen Arcam[5]).

Bischr ben Sawâda ben Schilwa sagte hierüber dem Hudseil:

O Nahdit! wenn du etwa zu Nahd kommst,
und in Mesopotamien zu Hülfe gerufen wirst,
Genügten nicht die Kinâna ohne ihre Brüder
Zubeir in den grossen Ereignissen?
So kämpfte unser Corps und die Banu 'Adí,
dass man wusste, wer von uns der Herr von Çuḥâr sei[6]).

Nach Chirâsch hat dieses Gedicht den 'Amr ben Kulthûm el-Taglebí zum Verfasser. — Die Ḥautaka zogen in der Folge nach Aegypten; einige von ihnen blieben auch bei den Balí, andere bei den Banu Ḥumeis von Ǵuheina, noch andere bei den Banu Lâj von den Banu 'Odsra; die in Aegypten sollen sich vorzugsweise mit Brunnengraben beschäftigt haben. — Die Stämme von Ǵarm und Nahd zogen nach Jemen, nämlich Mâlik, Ḥazîma, Çubâḥ, Zeid, Mu'âwia und Kâb, der Vater von Sûd, sämmtlich Söhne des Nahd. Sie kamen in die Nachbarschaft der Niederlassungen der Madsḥiǵ bei Naǵrân, Tathlîth und der Umgegend und besetzten hier in der Nähe des Sarât-Gebirges ein Land Namens Udcim; sie hielten damals fest zusammen und waren einmüthig unter einander, und bemächtigten sich eines Theils jener Länder, wiewohl Abtheilungen der Stämme Madsḥiǵ sich ihnen widersetzten und die Absicht zeigten, sie sich zu unterwerfen. Hierüber sagt Abdallah ben Dahtham el-Nahdí:

Damit ich die Çureim aus ihren Wohnsitzen vertriebe
und die beiden Murra und Hammâm ben Sajjâr.

---

5) d. i. keine Hülfe von den Arâqim oder Taglibiten.

6) Jâcût, Bd. 3. S. 369.

Ich wusste nicht, was Jemen sei und das Land des Herrn von Jemen,
bis ich mich niederliess bei Udeim, dem geräumigsten Wohnplatze.

Çureim war ein Mann von den Banu Zuweij ben Mâlik ben Nahd und Hammâm ebenfalls; die beiden Murra sind Murra ben Mâlik ben Nahd und ein Bruder von ihm, der einen anderen Namen als Murra hatte, er nennt aber beide die beiden Murra nach einem von beiden [7]. 'Amr ben Ma'dikarib el-Zubeidí sagt:

Ja el-Ḥawâdhir war das Wasser meines Volkes,
da eines Morgens war el-Ḥawâdhir das Wasser der Nahd.

Hubeira ben 'Amr el-Nahdí sagt, indem er der Stämme Madsḥig und Chath'am und ihrer Bosheit und ihrer Drohungen gegen sie gedenkt:

Kinda ging mit Drohungen voran und Madsḥig
und Schahrân von Ḥigâz Bewohnern und Wâhib.

Die Chath'am hatten sich vor den Nahd am Sarât niedergelassen. Als sich nun die Familien und Abtheilungen der Garm und Nahd dort vermehrten, rotteten sie sich zusammen, sie stritten gegen einander und theilten sich, ihre Verhältnisse lösten sich und schlimme Zustände traten unter ihnen ein. Darüber sagt Abu Leilá el-Nahdí, mit Namen Châlid ben el-Çac'ab, ein Dichter der Heidenzeit:

Weist du, ob das Haus verödet ist, oder hast du es hergestellt,
oder fragt das Haus nach den Erlebnissen seiner Bewohner?
Ein Haus für Nahd und Garm, da waren sie vereint
eine Schaar, über deren Unglück ihre Feinde sich nicht freuten,
Bis ich sah die edelsten des Stammes forteilen unter dem Nebel,
sie warfen uns und wir warfen sie,
Und die Liebe und Zuneigung unter ihnen ging über
in Angriffe mit Lanzenspitzen, über ihr ganzes Land verbreitet.
Mein Gefühl trieb mich nicht, gegen sie zu kämpfen,
noch die Frauen der Haun zu ergreifen, um sie zu Gefangenen zu machen.

Nun vereinigten sich die Nahd ben Zeid mit den Banu el-Ḥârith ben Ka'b, sie schlossen mit ihnen ein Bündniss und waren eines Sinnes

7) Ich halte diese Erklärung für fehlerhaft, es müssen doch Stämme von Madsḥig gewesen sein, die der Nadhit vertrieb, und unter den beiden Murra wird man die beiden Brüder Murra und Madsḥig zu verstehen haben.

mit ihnen; die Ġarm ben Rabbân vereinigten sich mit den Banu Zubeid, sie schlossen mit ihnen ein Bündniss und lebten mit ihnen; jeder Stamm nahm die Genealogie seiner Verbündeten an, sie zogen mit ihnen aus und bekriegten, wer sie bekriegte, bis die Banu el-Ḥârith und Banu Zubeid selbst unter einander in Streit geriethen und gegen einander anrückten. Die Banu el-Ḥârith führte Abdallah ben Abd el-Madân, die Banu Zubeid führte 'Amr ben Ma'dikarib el-Zubeidí; diese beiden ordneten die Schlacht so, dass Ġarm und Nahd einander gegenüber standen. Die beiden Partheien wurden handgemein und kämpften mit einander, bis an dem Tage die Banu Zubeid sich zur Flucht wandten; die Ġarm flohen und liessen ihre Verbündeten Zubeid im Stich. Hierüber sagt 'Amr ben Ma'dikarib, indem er der Ġarm und ihrer Flucht gedenkt, als sie die Zubeid verliessen:

Beschimpft hat Gott die Ġarm, so oft die Sonne aufgeht,
Hundsgesichter haben sich gereizt und die Haare gesträubt.
Ich war fortwährend, als wäre ich die Zielscheibe der Lanzen,
ich suchte die Ġarm zu vertheidigen, aber sie flohen.
Die Ġarm hielten nicht Stand ihren Nahd, als sie zusammenstiessen,
sondern die Ġarm zerstreuten sich beim Zusammenstosse.

Die Ġarm vereinigten sich nun wieder mit den Nahd, schlossen mit den Banu el-Ḥârith ein Bündniss und lebten bei ihnen; sie zogen mit ihnen aus und bekämpften, wen sie bekämpften, da sagte hierüber 'Amr ben Ma'dikarib (Ibn el-Kalbí sagt, er habe diese Verse von As'ad ben 'Amr el-Ġufí gehört, dem sie Châlid ben Caṭan el-Ḥârithí recitirt habe):

Sage dem Ḥucein, wenn du ihm begegnest:
hab' Acht, wenn du wirfst, wen du triffst!
Du gehst mit Drohungen gegen uns voran und schmähst uns
wie einer, der mit seinen Händen einem grossen Haufen sich entgegenstellt.
Hast du überlegt, wenn meine Hand dir zuvorkommt
mit dem Indier, der mit Stolz geschwungen wird,
ob, wenn ich dich tödten wollte, deine beiden Sklaven
von Nahd und von Ġarm dich sicher schützen können?

Eine lange Caçide. — Und Châlid ben el-Ḉac'ab el-Nahdí sagt über diese Vorgänge zwischen Nahd und Ġarm:

Wir haben unter uns einen dauernden festen Bund
geschlossen, der nicht mit Zwirnsfaden geknüpft ist.
Dies also sind unsre Häuser, und die Häuser der 'Garm
sind nahe bei den Bäumen des mit versengtem Kopfe.
Wenn sie ausziehen, siehst du die Reste
blutiger Pferde mit Rumpfen vermischt,
Und es nimmt sie einer gastlich auf, der nach einer Schaar um
Hülfe ruft, wie die ersten Strahlen der Sonne oder der Fels von Aṭiṭ.

Die 'Garm und Nahd blieben beständig in jenen Gegenden unter diesem Bündniss, bis Gott den Islâm erscheinen liess, und von dort kamen die, welche aus der Wüste in die Stadt zogen, Ueberreste finden sich aber noch dort.

Die Stämme von Sa'd Hudseim ben Zeid ben Leith ben Sûd ben Aslum ben el-Ḥâfi ben Cudhâ'a blieben in ihren Wohnsitzen von Wâdil-Curá, el-Ḥigr, el-'Ginâb und den angränzenden Gegenden, breiteten sich darin aus und vermehrten sich und theilten sich dann in grössere und kleinere Familien. Unter ihnen war 'Odsra ben Sa'd, dessen Mutter 'Âtika eine Tochter des Murr ben Udd ben Ṭâbicha ben el-Jâs ben Mudhar war, die zahlreichste und angesehenste, und aus ihr stammte Rizâḥ ben Rabî'a, der Stiefbruder des Cuçeij ben Kilâb, welcher im Besitz des Stammhauses der Banu 'Odsra ben Sa'd blieb; seine Mutter war Fâṭima, die Tochter des Sa'd ben Sajal. Die Bewohner von Wâdil-Curá und der Umgegend waren damals Juden, die sich dort früher niedergelassen hatten auf den Trümmern der Thamûd und vergangener Jahrhunderte; mit diesen schlossen sie [die Sa'd] ein Bündniss und verpflichteten sich, ihre Brunnen und Quellen im Stande zu erhalten, ihre Palmen und Gartenanlagen zu pflegen, sie jährlich einmal zu einem Gastmahl einzuladen, sie gegen die Wüstenaraber zu schützen und die Balí ben 'Amr ben el-Ḥâfi ben Cudhâ'a und andere Stämme von ihnen abzuhalten. Als el-Nu'mân ben el-Ḥârith el-Gassânî einen Zug gegen Wâdil-Curá und seine Bewohner unternehmen wollte und schon alles beschlossen hatte, traf Nâbiga el-Dsubjâni, mit Namen Zijâd ben Mu'âwia, mit ihm zusammen und schilderte ihm ihre Thaten, er suchte ihm Furcht vor ihnen einzuflössen, um ihn von seinem Vorhaben abzubringen, erinnerte an ihre Kraft und Stärke, wie sie ihr

Land vertheidigten und noch jeden, dem danach gelüstet, davon vertrieben hätten, und darauf bezieht sich folgendes Gedicht von ihm:

>Ich sprach zu el-Nu'mân, am Tage da ich mit ihm zusammenkam,
>(er wollte gegen die Banu Ḥunn auf der Gränze von Ҫâdir ziehen):
>Bleib weg von den Banu Ḥunn, denn man trifft nicht gern
>mit ihnen zusammen, und du triffst nur einen hartnäckigen Gegner [8]).
>Sie haben gegen die Ṭâïten im Sturmschritt gefochten,
>gegen Abu Ǵâbir und haben Umm Ǵâbir zur Heirath gezwungen.
>Sie haben den Fazáriten auf die Nase geschlagen, als er
>zu ihnen kam um ein elendes Bündniss zu schliessen.
>Sie haben ihr Land gegen die Cudhâ'a alle vertheidigt
>und gegen Mudhar die rothen beim wechselsweisen Ueberfall.
>Sie haben von ihm die Balí zurückgedrängt, so dass
>die Balí sich plötzlich in einem einsamen Thale von Tihâma befanden.
>Solltest du nach Wâdil-Curá und seinen Umgebungen verlangen,
>das vertheidigen sie mit aller ihrer Mannschaft.
>Sie vertheidigen Wâdil-Curá gegen ihren Feind
>mit einem vereinigten Corps, welches dem noch zahlreicheren Feinde
>den Untergang bringt.

Gemeint ist Abu Ǵâbir ben el-Ǵulâs ben Wahb ben Keis ben 'Obeid ben Ṭarîf ben Mâlik ben Ǵad'â ben Dsuhl ben Rûmân el-Ṭâï und die Banu Ḥunn ben Rabî'a ben Ḥarâm ben Dhinna von den Banu 'Osdra ben Sa'd Hudseim. Dieses Verhältniss blieb so, sie beschützten jene Gegenden als Nachbaren der Juden, bis sie eine Gesandtschaft an Muhammed schickten, unter Anführung des Ḥamza ben el-Numân ben Haudsa ben Mâlik ben Sinân ben el-Bajjâ ben Dulcim ben 'Adí ben Hazzâz ben Kâhil ben 'Odsra; diesen belehnte Muhammed mit einem Stück Land von Wâdil-Curá so lang, als er mit seinem Pferde rennen, und so breit, als er mit seiner Schleuder werfen könnte; zugleich bestimmte er, dass die Juden vom Stamme 'Arîdh das erwähnte jährliche Gastmahl von den Früchten der Gegend geben sollten. Die Banu 'Arîdh brachten Muhammed ein Geschenk von zerschnittenem Fleisch mit Mehl حزير oder هريسة, und machten auf ihn ein Lobgedicht; dieses Gastmahl

---

8) Jâcût, Bd. 3. S. 320. — Ibn Doreid, S. 320.

der Banu 'Aridh besteht zur Zeit noch, da sie von der allgemeinen Vertreibung der Juden ausgenommen blieben. Hischâm erzählt nach der Ueberlieferung des Muhammed ben Abd el-Rahman el-Ançâri el-'Aglânî von Ibrâhîm ben el-Bukeir el-Balamí von Jathribi ben Abu Cuseima el-Salâmâní von Abu Châlid el-Salâmâní folgendes: Ein Mann von Madâsch [9], nämlich Madâsch ben Schicc ben Abdallah ben Dînâr ben Sa'd Hudseim, Namens Ward, begegnete dem Ḥamza ben el-Numân, nachdem ihn Muhammed schon mit dem Grundstücke belehnt hatte, und zerbrach einen Stock, den Ḥamza in der Hand hielt; Ḥamza beschwerte sich darüber bei Muhammed und dieser sagte: lasset den Löwen des Verderbens in Ruhe! er belehnte ihn dann mit einem Kampe in Wâdil-Curá, genannt Kamp der Madâsch.

Die Kalb ben Wabara ben Taglib ben Ḥulwân ben 'Imrân ben el-Ḥâfi ben Cudhâ'a, Garm ben Rabbân und 'Oçeima ben el-Labw ben Amrimenât ben Futeia ben el-Namir ben Wabara ben Taglib ben Ḥulwân blieben in ihren Wohnsitzen von Ḥadhan und der Nachbarschaft in den Hochlanden von Nagd, indem sie die Weiden aufsuchten und den Gegenden nachgingen, wo Regen gefallen war, bis die Stämme der Banu Nizâr ben Ma'add sich ausbreiteten und vermehrten und aus Tihâma in die benachbarten Gebiete von Nagd und Ḥigâz hinübergingen, da verdrängten sie jene aus ihren Wohnsitzen und zwangen sie wegzuziehen, weil sie sie darum beneideten. Sie schieden also von dort und die Garm ben Rabbân wanderten aus von ihren Wohnplätzen bei Ḥadhân und der Umgegend und eine Abtheilung von ihnen zog in die Gegend von Teimâ und Wâdil-Curá zu den Nahd ben Zeid und Ḥautaka ben Sûd ben Aslum und blieben dort wohnen, bis zwischen ihnen und den Stämmen von Sa'd Hudseim ben Zeid ein Krieg entstand und die Banu Sa'd sie von dort vertrieben, worauf sie in die Gegenden von Jemen zogen. Die Geschichte ihres Krieges, ihrer Wanderung nach Jemen und ihres Aufenthaltes daselbst haben wir schon oben bei der Geschichte der Cudhâ'a

9) So buchstabirt Samhûdí; in dem Leydener Codex ist Midâsch vocalisirt, in dem Cambridger Chidâsch und Chidâs, was ganz fehlerhaft scheint.

erzählt, ebenso ihre Trennung. — Die Nâgia ben Garm, Râsib ben el-Chazrag ben Gudda ben Garm, Cudâma ben Garm und Malakân ben Garm wandten sich nach 'Omân; als sie bei Jemâma vorüberzogen, blieb eine Abtheilung von ihnen dort, der grösste Theil aber kam nach 'Omân in die Nachbarschaft der Azd und blieb bei ihnen gleich den Eingebornen von 'Omân. Darüber sagt el-Mutalammis:

'Ilâf und die am Berge von Ḥadhan, als sie sahen,
dass es ein ungewisser Zustand sei,
Gaben ihnen die Kameele des Stammes zurück und brachen auf,
denn Unrecht kann ein einsichtiges Volk nicht dulden.

Sâma ben Luweij ben Gâlib el-Cureschí soll das heil. Gebiet verlassen, sich in 'Omân niedergelassen und dort eine Garmitin zur Frau genommen haben, nämlich die Nâgia, Tochter des Garm, die ihm seine Kinder gebar. So berichtet el-Kalbí; die Garm selbst sagen, Nâgia, die Tochter des Garm, habe sich mit el-Ḥârith [1]) ben Sâma ben Luweij verheirathet; noch andere sagen, Nâgia sei die Tochter des Chazrag ben Gudda ben Garm gewesen. Die Banu Sâma ben Luweij wurden in 'Omân ein für sich bestehender mächtiger Stamm, schlagfertig und zahlreich, welcher den Namen Banu Nâgia erhielt. Hierauf bezieht sich das Gedicht des Musajjab ben 'Alas el-Dhube'í:

Sâma lebte unter seinem Volke,
er hatte zu Essen und zu Trinken;
Da thaten sie ihm Schimpf an, was ihm nicht angenehm war,
Beschimpfen aber war in ihrem Lande Sitte.
Da sprach zu Sâma eine der Frauen:
Warum, o Sâma, ziehst du nicht fort?
Sind denn in allen Ländern Diebe ungestraft
und Löwen überlegen?
Da sprach er: ja! ich will fortziehen,
und will meine Familie zufrieden stellen.
Er schirrte ein starkes Kameel an mit seinen Stricken

---

1) So habe ich den Text ناجية بنت جرم تزوج هند بنت سامة, der keinen Sinn hat, nach Ibn Coteiba, Handb. der Gesch. S. 55 geändert, wonach Nâgia zuerst mit Sâma, dann mit dessen Sohne, ihrem Stiefsohne el-Ḥârith verheirathet war.

bei Nahla oder diesseits bei Kabkab.
Dann leitete es der lange Berg, den es betrat,
wie den, der Nachts zum Wasserholen geht, der himmelhohe leitet.
Als er nun in ein Land kam, das ihm gefiel,
darin waren Frühlingsweiden und ferne Futterplätze,
und eine feste Burg für seine Söhne
und eine kräuterreiche Gegend für ihre Kameele,
erinnerte er sich der Wohnplätze seiner Familie
und der von ihnen weit abgelegenen Stadt,
er dachte wieder an die erbärmlich mageren Kameele
und wieder an ihre hervorstehenden Rücken.
Da sprach er: wohlan! verkündet es und brechet auf!
da kamen die 'Ilâf und keiner blieb zurück;
nicht hielt sie ab von ihrer Reise das Unglücksgestirn
am Himmel, die beiden Sterne im Löwen und der Skorpion.
Der Anbruch der Nacht liess ihn eilends weiter ziehen,
und er reiste, wenn die Heuschrecken ihre Stimme erhoben.
So sah er zur Zeit des Tages seine Sonne
und zu andrer Zeit leuchtete statt ihrer ein Stern.

Das Gedicht ist lang. — An sie schlossen sich, wie erzählt wird und Gott am besten weiss, die Banu Fudeij ben Sa'd ben el-Ḥârith ben Sâma ben Luweij und leiteten ihr Geschlecht von ihnen ab. Fudeij ben Sa'd hatte seines Bruders Sohn Namens Ḥamza ben 'Amr ben Sa'd getödtet und schloss sich dann an el-Jaḥmad ben Ḥummá ben 'Othmân ben Naçr ben Zahrân von el-Azd. 'Adí ben Ricâ' el-'Ocawi (von 'Ocât, einer Familie von el-Azd, deren Ahnherr el-'Icj, mit Namen Munqids ben 'Amr ben Mâlik ben Fahm, seinen Bruder Ġurmûz umgebracht und, weil er, wie man sagte, *'accahu* ihn spaltete, den Beinamen el-'Icj erhalten hatte[2]), sagt über die Ġarm, ihre Niederlassung in 'Omân und ein Treffen, welches hier unter ihnen vorfiel:

Ibn Ġarm that Unrecht, und welche Veranlassung hatten eure Nachbaren
die Banu Cudâma, dass ihr Herr schlecht handelte?
Ihr habt sie mit verdorbenen alten Stricken getäuscht,

---

2) عِقْى Kindspech, kann unmöglich von عقّ spalten abgeleitet werden.

die an ihren Waldkühen zeigten, dass sie abgenutzt waren.
Ihr habt sie vertrieben aus den verbotenen Plätzen, da zogen sie aus
um gute Weide zu suchen, und fanden reichliches Futter
in 'Omân, da draschten sie unsre Heere am Tage von el-Riâl,
so dass sie abgemähten Saaten glichen.

Die Kalb verliessen ihre Niederlassungen in Ḥadhan und der Nachbarschaft und zogen in die Gegend von el-Rabadsa und weiter hin bis an den Berg Ṭamijja und darüber sagte Zuheir ben Ganâb el Kalbí in dem Vermächtniss an seine Söhne, indem er sich an die Niederlassung bei Ṭamijja erinnerte:

Meine Söhne! wenn ich sterben sollte,
so habe ich euch ein Haus gebaut;
Ich lasse euch zurück als Herren der Herren,
eure Feuerzeuge sprühen Funken.
Ja, alles was ein Mann erreichen kann,
habe ich erreicht, ausser der königlichen Herrschaft.
Ich war auch bei dem Feuer, welches
bei el-Sullân in Ṭamijja angezündet wurde.

Er meint den Tag von Chazâz, als sie die Feuer anzündeten und unter den Stämmen von Kalb der Krieg ausbrach; sämmtliche Kalb waren vereinigt gegen Kinâna [ben Bekr] ben 'Auf ben 'Odsra ben Zeid el-Lât ben Rufeida ben Thaur ben Kalb, aber die Banu Kinâna trugen über alle übrige Kalb den Sieg davon [3]. Hischâm sagt: die Wahrheit hierin ist, dass 'Âmir ben 'Auf ben Bekr ben 'Auf ben 'Odsra und Abdallah ben Kinâna ben Bekr ben 'Auf und ihre beiderseitigen Verbündeten sich vereinigt hatten gegen die übrigen Kinâna und deren Verbündete, da siegten die Banu Kinâna über jene beiden kleineren Stämme Banu 'Âmir und Banu Abdallah. An jenem Tage verbündeten sich alle Verbündete der Kalb und sämmtliche Kalb trennten sich und zerstreuten sich in ihre Wohnsitze und Niederlassungen. Die Stämme der Banu 'Âmir ben 'Auf ben Bekr wanderten aus nach der Gränze von Syrien und der Gegend von Teimâ mit ihrem Anhange und die 'Âmir haben keinen mehr in der Wüste. Die Kalb und ihre Verbündeten liessen sich in

3) Vergl. Jâcût, Bd. 2. S. 432. Bd. 3. S. 114. 548.

der weiten Ebene von Dûma nieder, bis in die Gegend der Ṭâïten an den beiden Bergen und deren Abhängen bis an den Weg nach Teimâ. In Dûma gewannen die 'Oleim ben Ġanâb die Oberhand und Aus ben Ḥâritha ben Aus el-Kalbí, ein Dichter aus der Heidenzeit, sagte in dem Kriege, der zwischen ihnen ausbrach:

Wir haben die Rufeida vertrieben, bis ihre vordersten
in Teimâ Wohnung nahmen; vernommen haben es von ihren
Vorfahren jüngere.
Wir zogen gegen sie und einige unter uns waren uns zuwider,
und schon wurde in der widerwärtigen Sache der gerade Weg verlassen,
Bis wir wieder zur Besinnung gekommen die Dsubjân erreichten.
Siehe, so traten wir zu der zweifelhaften Sache heran.

Hischâm sagt von el-Scharqí: Das erste Haus unter den Cudhâ'a war das des Ḥandhala ben Nahd ben Zeid ben Leith ben Sûd ben Aslum ben el-Ḥâfi ben Cudhâ'a, von ihm waren ihre Siege erfochten, er war ihr Schiedsrichter, der ihre Streitigkeiten schlichtete; über ihn sagt ein Dichter:

Ḥandhala ben Nahd ist der beste Mann unter den Ma'add.

Wabara ben Taglib ben Ḥulwân ben 'Imrân ben el-Ḥâfi ben Cudhâ'a sagte einst in einer Krankheit, indem er die Hände zum Himmel erhob: o Gott! gieb mir den Sieg über Nahd und gieb meinen Söhnen den Sieg über Nahd's Söhne. Die Uebermacht, fährt er fort, und das grösste Ansehen unter den Cudhâ'a hatten damals die Banu Nahd; Ḥandhala ben Nahd hatte die Eroberung von Tihâma ausgeführt und war das Oberhaupt der Araber bei 'Okâdh, wenn sie sich auf den dortigen Märkten versammelten. Dann ging dies auf die Kalb ben Wabara über, und der erste Kalbit, welcher die Kalb unter sich vereinigte und dem das Feldherrn-Zelt aufgeschlagen wurde, war 'Auf ben Kinâna ben 'Auf ben 'Odsra ben Zeid el-Lât ben Rufeida ben Thaur ben Kalb, und ihm wurde der Götze Wudd übergeben. Nach seinem Tode wurde das Zelt seinem Sohne 'Abd Wudd ben 'Auf aufgeschlagen und dessen Bruder 'Âmir el-Aġdâr ben 'Auf der Götze übergeben. Dann wurde es dem Schaġb ben 'Abd Wudd ben 'Auf aufgeschlagen, dann dessen Sohne Abdallah ben el-Schaġb, dann dessen Sohne 'Âmir ben Abdallah mit dem Beinamen el-Mutamanná. Hierauf ging die Hoheit auf Zuheir ben

Ganâb über während seiner Lebenszeit bis an seinen Tod, dann auf 'Adí ben Ganâb und kam in dieser Familie auf el-Ḥârith ben Ḥiçn ben Dhamdham ben 'Adí ben Ganâb, dann auf dessen Sohn Tha'laba, dann auf 'Amr ben Tha'laba, und ist unter ihnen bis auf den heutigen Tag geblieben.

el-Ḥasan ben Aḥmed ben Ja'cûb el-Hamdâní sagt über die Trennung der Cudhâ'a, dass 'Âmir mâ el-samâ ben Ḥâritha den Aufruf zu einem Kriegszuge erhalten und auf Befehl des Königs el-Milṭâṭ ben 'Amr die Stämme der Cudhâ'a nach Syrien gesandt habe unter der Anführung des Zeid ben Leith ben Sûd. Als sie nach Ḥigâz kamen, um nach Syrien zu ziehen, lehnten sie sich gegen ihren Feldherrn Zeid ben Leith auf und fielen von ihm ab; einige von ihnen kehrten nach Jemen zurück und ihre Nachkommen sind dort bis heute noch, nämlich Balí und Bahrâ, die Söhne des 'Amr. Zeid selbst blieb in Ḥigâz und seine Nachkommen haben sich dort zerstreut, wie Sa'd, 'Odsra, Guheina und Nahd; was die Nahd betrifft, so gingen sie in das obere Nagd hinauf, nachdem sie längere Zeit in Tihâma gewesen waren. Von den Cudhâ'a, die nach Syrien, Aegypten und Baḥrein gingen, sind dort noch bis auf den heutigen Tag Nachkommen vorhanden, nämlich Kalb ben Wabara, Tanûch, Saliḥ, Chuschein und el-Qein [4]).

Zerstreuung der übrigen Nachkommen des Ma'add. Die Söhne des Ma'add ben 'Adnân und die bei ihnen lebenden Söhne des Udad, des Vaters des 'Adnân ben Udad, blieben nach dem Auszuge der Cudhâ'a aus Tihâma in ihren Ländern und Behausungen, wie sie dieselben unter sich getheilt hatten, so lange es Gott gefiel, dann fingen Mudhar und Rabí'a, die beiden Söhne des Nizâr, Streit an mit den Söhnen des Canaç ben Ma'add, Sinân ben Ma'add und den übrigen Söhnen des Ma'add, bis sie sie aus ihren Wohnsitzen und Weideplätzen vertrieben und sich ihrer ganzen Habe bemächtigten. Die Söhne des Sinân ben Ma'add wanderten in die benachbarten Gegenden aus; ein Theil der Söhne des Canaç ben Ma'add zerstreute sich unter die Araber in

---

4) Dieser ganze Absatz fehlt in der Cambridger Handschrift.

ihren Ländern, der grösste Theil von ihnen zog mit el-Cheicâb ben el-Ḥeik [5]), einem der Banu 'Amam ben Canaç ben Ma'add, den Spuren des Mâlik ben Zuheir ben 'Amr ben Fahm und seiner Begleiter von Cudhâ'a nach, bis sie zu ihnen nach Baḥrein kamen, und sie blieben dort mit ihnen vereinigt, bis sie nach el-Sawâd, den Landstrichen von 'Irâk, auswanderten, um an dem Ufer weitere Strecken und ihren Unterhalt zu suchen. Dort fanden sie die Nabatäer und Armenier, Nachkommen der nachalexandrinischen Könige; die Armenier und Arduwanier vereinigten sich gegen jene Stämme der Ma'add, schlugen sie und vertrieben sie aus ihren Ländern, so dass sie die Landstriche von 'Irâk räumen mussten und sich in einzelne Horden auflössten. Dies sind die Horden der Canaç ben Ma'add, von denen ein Theil in der Gegend von el-Anbâr und el-Ḥîra blieben und dort Wohnung nahmen und von ihnen stammt die königliche Familie des Naçr ben Rabî'a ben 'Amr ben el-Ḥârith ben Su'ûd ben Mâlik ben 'Amam ben Canaç ben Ma'add, zu welcher el-Nu'mân ben el-Mundsir ben Amrul-qeis ben 'Amr ben Amrul-qeis ben 'Amr ben 'Adí ben Naçr ben Rabî'a, der König der Araber in 'Irâk, gehört. — Hischâm sagt: 'Amam ben Numâra ben Lachm; und dies ist das Richtige und el-Kalbí setzt hinzu: wenn es so wäre, wie jene sagen, so würden es die Araber in ihren Gedichten erwähnen, sie würden el-Nu'mân damit verspottet, und er würde ihnen dafür die Strafe ertheilt haben; denn was sie an ihm tadelnswerth fanden, wenn es nicht erfunden war, darüber schmähten sie ihn. — Als nun die Stämme sahen, wie unter ihnen Zwiespalt, Trennung und Anmassung von Wasser und Weide entstanden war, wie jeder nur nach einem Platze für seinen Unterhalt und nach Erweiterung seines Gebietes trachtete, wie einer den anderen aus der Gegend, die ihm den Unterhalt gewährte, zu verdrängen, der Starke den Schwachen zu unterdrücken suchte, da schlossen sich die Niederen an die Mächtigen, die Geringen verbündeten sich mit den Zahlreichen, sie trennten sich nach ihren Gegenden und Wohnsitzen und das ganze

5) Die Cambrid. Handschr. hat el-Gicâr ben el-Ḥabk, Jâcût, Bd. 2. S. 377 el-Ḥeicân ben el-Ḥeiwa.

Volk breitete sich in den benachbarten Gebieten aus. So zogen die 'Akk ben el-Dìth ben 'Adnân ben Udad und el-Asch'ar ben Nabt ben Udad mit ihrem Anhange nach Jemen zu und erreichten mit ihnen die Niederung von Tihâma in Jemen, wo sie sich in dem Sarât und den benachbarten Bergen von Jemen bis ans Meeresufer niederliessen und Futter und Wasser, Ackerfelder und weite Plätze fanden. Hier zwischen dem Meere und dem Gebirge wichen sie den grösseren Schaaren der Jemenischen Araber auf ihren Zügen aus und hielten sich fern von ihren Kriegen und Streifereien; die Asch'ar, welche nach Jemen kamen, führten ihr Geschlecht zurück auf Udad ben Jaschgub ben 'Arîb ben Zeid ben Kahlân ben Sâba, und sind dabei geblieben; der grösste Theil von 'Akk aber blieb bei seiner Abstammung von 'Adnân und nur ein Theil von ihnen rechnete sich in Jemen zu Caḥṭân. Ibn el-Kalbí sagt, Gijâth ben Ibrâhîm habe ihm von Zeid ben Aslam überliefert, dass der Gesandte Gottes zu den Asch'ariten, als sie zu ihm kamen, gesagt habe: ihr seid von Ismâ'îl's Nachkommen nach Jemen ausgewandert. el-'Abbâs ben Mirdâs sagt, indem er sich gegen 'Amr ben Ma'dikarib mit den Stämmen von Ma'add rühmt und sich zu ihnen rechnet:

Die 'Akk ben 'Adnân waren es, welche lange ihr Spiel trieben
mit Gassân, bis sie auf alle Weise vertrieben wurden.

Ein Dichter der 'Akk sagt, indem er sich seiner Abstammung von 'Adnân rühmt:

'Akk ben 'Adnân ist unser Vater und des, wessen Vater er ist;
unser Vater hat die Menschen unter seine Herrschaft gezwungen.

Hischâm sagt: die 'Akk leiten ihr Geschlecht von 'Adnân ben Udd ab nur wegen des Namens 'Adnân, und es ist nicht so, wie sie angeben. — Schacra und Schachab, die Söhne des Nabt ben Udd zogen mit anderen Stämmen von 'Adnân in die Gegenden von Jemen und Tihâma, schlossen sich an die dortigen Bewohner und gingen in jenen Stämmen und Familien auf; sie blieben unter ihnen und leiteten ihre Abstammung von ihnen her. So traten die Schachab unter die Uḥâdha, eine Familie der Dsul-Kalâ' von Ḥimjâr, wovon die Araber sagen: „bei Gott! als wenn du mich für einen Mann von Uḥâdha hieltest“, als Sprüchwort für eine entfernte Verwandtschaft. Die Schacra schlossen sich an die Mahra ben Ḥeidân von Cudhâ'a und die Nabt ben Udd gesellten sich in Jemen zu ihnen. — Hischâm sagt: alle diese, welche als so gen. Verbündete eintraten, werden nicht zu dem Geschlecht gerechnet. — Von Ma'add ben 'Adnân kamen mehrere Stämme nach Jemen, zerstreuten sich in verschiedene Gegenden und schlossen sich den dortigen Bewohnern an, und man sagt, dass auch die Mahra von Ḥeidân ben Ma'add abstammten, Gott weiss es am besten. Die Banu Ma'gîd ben Ḥeida ben Ma'add wurden unter den Asch'ar zu einem von ihren Stämmen und nannten sich Ma'gîd ben el-Ḥanîk ben el-'Gumâhir ben el-Asch'ar, daher sagt ein Dichter:

Ich liebe die Asch'ar aus Liebe zur Leilá,
und die geehrtesten von ihnen sind mir die Banu Ma'gîd.

Andere sagen, sie gehörten zu 'Akk ben el-Dîth und seien unter ihnen die Banu 'Amr ben el-Ḥajjâd. Zu ihnen gesellten sich auch die 'Guneid ben Ma'add und lebten unter den 'Akk. Die Banu 'Obeid el-Rammâḥ (Lanzenmacher) ben Ma'add gingen unter die Banu Mâlik ben Kinâna ben Chuzeima und leben fort in der Familie des Ibrâhîm ben 'Adí ben Munkith, des Statthalters von Jemâma unter Abd el-Malik ben Marwân von den Banu 'Obeid el-Rammâḥ, wie behauptet wird. 'Auf ben Ma'add ging unter die 'Adhal ben Muḥallim ben Ḥumla ben el-Haun ben Chuzeima bĕn Mudrika; Hischâm sagt: ich kenne keine Nachkommen dieses 'Auf. 'Gunâda ben Ma'add und Cunâça ben Ma'add traten unter el-Sakûn und sind, wie man sagt, Tu'gîb und Turâgim, die Söhne des Mu'âwia ben Tha'laba ben 'Ocba ben el-Sakûn. Hischâm sagt dazu: ich bezweifle diese Angabe über 'Gunâda und Tu'gîb. Man sagt auch, el-Sakûn und el-Sakâsik seien die Söhne des Aschras ben Thaur ben Ḥajâda ben Ma'add, und daher kommt, was man über Kinda sagt. Hischâm bemerkt: ich bezweifle dies. Man sagt Kinda ben 'Ofeir ben Ja'fur ben Ḥajâda ben Ma'add und Amrulqeis ben Ḥu'gr sagte, als sein Vater Ḥu'gr ermordet war:

Bei Gott! nicht geht mein Alter ungerächt,
der beste der Ma'add an Edelmuth und Wohlthätigkeit.

Hischâm giebt als bessere Lesart des zweiten Halbverses an:

o bester der Menschen unter den Ma'add an Wohlthätigkeit[6]).

Die Schukeiç ben Cunâca ben Ma'add, weiter von Turâgim abstammend, schlossen sich an die Kalb und leben unter den Banu 'Âmir el-A'gdâr mit Beibehaltung ihrer Genealogie; man sagt auch, Schukeiç sei el-Ḥârith ben Sajjâr ben Schu'gâ' ben 'Auf ben Turâgim. — Hischâm bemerkt dazu: so ist seine Abstammung, aber dieser Schukeiç ist nicht der Sohn des Cunâça ben Ma'add. — Ein Mann von den Banu el-Mârût ben Cunâça ben Ma'add, (Hischâm bemerkt: el-Mârût stammt von Tur gim und wer Turâgib sagt, begeht einen Fehler) — die Banu el-Mârût nämlich hatten sich mit den Banu Abu Rabî'a ben Dsuhl ben Scheibân verbündet, als ihre Brüder Banu Schukeiç ben Cunâça sich von ihnen trennten, und traten dann unter die Kalb — indem er der Turâgim, Tu'gîb und Schukeiç und ihrer Entfernung von ihrem Stamme gedenkt, sagt el-Mârûtí:

Schon haben sich entfernt die Schukeiç von ihrem Vater
Cunâça, wie sich entfernt haben die Tu'gîb.
Sonst wurde ihr Geschlecht auf Ma'add zurückgeführt,
nun haben Unglücksfälle und Kriege sie vertrieben.
Und ein Stamm von Turâgim, den zwingende Umstände
zerstreut haben, ist von uns fortgegangen.

Hischâm sagt: Tu'gîb soll eine Tochter von el-Sakûn gewesen sein, aber diese Angabe über Tu'gîb ist hinfällig. — Die Aud ben Ma'add lebten unter den Madsḥi'g, leiteten ihre Abkunft von Ça'b ben Sa'd el-'aschîra ab und nannten sich Aud ben Ça'b; sie blieben dauernd bei ihnen und über sie sagt ein Dichter, der nach el-Scharkí's Behauptung Ibn el-Caṭâmí gewesen sein soll:

Wenn einer die Ma'add um Hülfe anruft,
so sind die uns verbrüderten Aud nicht in der Nähe.
Fern steht ihr Haus, da wo ihr Wohnsitz fest gegründet ist
bei Ça'b ben Sa'd und der Fremde bleibt fremd.

---

6) In dem Diwan d'Amrolkaïs par de Slane, pag. 10 findet sich eine dritte Lesart, worin Ma'add ganz fehlt.

Und wie viele weite Strecken Landes zwischen euch
sind öde Wüsten, in denen Niemand wohnt!

el-Bagelí sagt über die Trennung der Ba'gîla, als der Falkenkrieg unter ihnen ausbrach:

Ja, ihr seid zerstreut nach allen Seiten,
wie Gott die Banu Ma'add zerstreut hat.

Zerstreuung der Ba'gîla und Chath'am. Gâbir ben Gu-scham ben Ma'add, sowie Mudhar, Rabî'a, Ijâd und Anmâr, die Söhne des Nizâr ben Ma'add ben 'Adnân, lebten in ihren Niederlassungen in Tihâma und den angränzenden Hochlanden von Nagd und blieben dort, so lange es Gott gefiel, dann wanderten Ba'gîla und Chath'am, die beiden Söhne des Anmâr ben Nizâr fort aus ihren Wohnplätzen und aus Gaur Tihâma, und die Banu Mudrika ben el-Jâs ben Mudhar ben Nizâr nahmen von ihren Ländern Besitz. Hischâm sagt: el-Kalbí hat mir von Mu'âwia ben 'Omeira ben Michwas ben Ma'dikarib von Ibn 'Abbâs folgendes erzählt: Anmâr ben Nizâr ben Ma'add ben 'Adnân hatte eine Quelle seines Bruders Mudhar ben Nizâr zerstört, war dann geflohen und lebte, da wo du weist d. h. er hatte in Jemen eine andere Abstammung angenommen. Nun zogen Ba'gîla und Chath'am, die Söhne des Anmâr fort nach den Sarâtbergen, liessen sich dort nieder und nahmen die Genealogie der dortigen Einwohner an; die Casr ben 'Abcar ben Anmâr bezogen die Berge Ḥalja und Usâlim und die angränzenden Länder, welche damals von einem Stamme der älteren Araber Namens Banu Thâbir bewohnt wurden; sie verjagten diese daraus und nahmen von ihren Wohnplätzen Besitz, und nachdem sie dieselben in einem erneuten Kampfe am Sarât wiederholt geschlagen hatten, vertrieben sie sie ganz von dort. Hierauf fingen sie auch mit den Chath'am Streit an und vertrieben sie ebenfalls aus ihren Ländern. Hierüber sagt Suweid ben Gud'a, einer der Banu Afçá ben Nadsîr ben Casr, indem er der Thâbir gedenkt und wie diese von ihnen aus ihren Wohnsitzen verjagt wurden und wie er sich dessen und der Vertreibung der Chath'am rühmt:

Wir haben entfernt die Thâbir aus ihren Ländern,
und Ḥalj haben wir allen zugänglich gemacht, wir sind seine Löwen.

Wenn das Jahr lang ist und immer länger wird,
und der Regen mangelt und das Laub schwarz wird,
Werden wir als die Edlen erprobt, unser Gast braucht nicht fortzuziehen,
wenn dadurch betrogen ein Plan nicht ausgeführt werden kann.
Wir haben auch die Chath'am vertrieben aus ihren Ländern,
sie wurden bekämpft, bis sie in der Verbannung zu Sklaven wurden.
Nun sind sie getrennt, ein Theil von ihnen ist in Jemâma,
und ein Theil — gesondert drücken ihre Sättel die Pferde [7]).

'Amr ben el-Chuthârim el-Bagelí sagt, indem er ihrer Vertreibung von dem Sarât und der ihnen dort gelieferten Schlacht gedenkt:

Wir haben sie verjagt, als wären wir der Löwe von Dâra 'Gul'gul,
der mit Selbstvertrauen über seine Jungen brüllt [8]).
Sie merkten es insgesammt nicht, bis sie inne wurden
durch die Entfernung des Palmenhaines, was zerstreut war.
Wir haben sie angegriffen und die Schwerdter waren
in unsern Rechten wie eine leuchtende weisse Wolke.
Sie standen uns gegenüber vor den Frauen, als wären sie
weisse Hengste mit Decken ohne Zaum.
Retten konnten sich nur alle die schnellen Strausse,
die sich von ihren Decken erleichterten, wie Pilger.
Sie wandten sich nun an Anmâr und riefen Thâbir
um Hülfe an gegen die Lanzenkämpfer, u. wir waren, bei Gott! zu ungerecht.
Wenn die Ḥabîb, Casr, Aḥmas einen der angesehenen
Häuptlinge trafen, machten sie ihm den Garaus.
Wir haben zuletzt unserm Volke Ba'gila ein schönes Land geschenkt,
damit es gesunde Weide habe und ein angenehmes Leben führe.

So nahmen also die Ba'gila Besitz von dem Sarât bis ganz oben nach Turaba, einem Wâdi, welches von dem Sarât anfängt und in Na'grân endigt; sie hatten gemeinschaftliche Wohnungen und blieben eng mit einander verbunden, bis zwischen den Aḥmas ben el-Gauth ben Anmâr ein Krieg ausbrach. Die Zeid tödteten so viele der Aḥmas, dass von ihnen nur vierzig junge Männer übrig blieben, welche 'Auf ben Aslam ben Aḥmas mit sich führte, bis er zu den Banu el-Ḥârith ben

7) Jâcût, Bd. 2. S. 326. 508, wo der letzte Halbvers lautet:
und ein Theil — bei Cheif el-Cheil werden ihre Spitzen geschärft.

8) Jâcût, Bd. 2. S. 528.

Ka'b kam, bei denen sie Aufnahme und Schutz fanden; 'Auf war damals ein betagter Mann. Sie blieben nun in den Wohnplätzen der Banu el-Ḥârith, bis sie sich wieder vermehrt hatten und erstarkt waren, dann überfielen sie mit den Banu el-Ḥârith die Banu Zeid, schlugen sie und vertrieben sie bis auf einige wenige aus ihren Plätzen und die Aḥmas kehrten in ihre früheren Wohnsitze zurück. Die Casr blieben dann in diesen ihren Niederlassungen, machten Streifzüge gegen ihre Nachbaren, die sie aus ihren Gegenden vertrieben, indem sie gegen ihre Feinde stets fest vereinigt waren, bis eines Tages sich ein Falk bei ihnen zeigte und ein Mann von den 'Oreina ben Nadsîr ben Casr ben 'Abcar sagte: ich erkläre mich zum Beschützer dieses Falken. Er wurde desshalb der 'Oreinische genannt und blieb längere Zeit ungestört; dann aber fanden sie ihn todt, getroffen von dem Pfeile eines Mannes der Banu Afçá ben Nadsîr ben Casr, der noch in ihm steckte. Die 'Oreina stellten nun dem Besitzer des Pfeiles nach und tödteten ihn, worauf die Afçá sich gegen die 'Oreina vereinigten und ihnen entgegen zogen; die 'Oreina erfochten aber den Sieg und tödteten jene bis auf einige wenige, und sie sind bis zum Erscheinen des Islâm nicht wieder zahlreich geworden. Indess vereinigten sich die übrigen Stämme von Casr gegen die 'Oreina und vertrieben sie aus ihren Wohnungen, desshalb sagt 'Auf ben Mâlik ben Dsubjân, als er von diesen Vorgängen Kunde erhielt:

Mir ist erzählt, dass neues Unglück über mein Volk gekommen sei,
und die Zeit ihrer Heimsuchung ist noch nahe.
Wenn's wahr ist, was mir zu Ohren gekommen ist, so sind sie
edel, so oft auch die Heimsuchungen eintreffen.
Der Arme unter ihnen naht sich dem Reichen und der Reiche
hat ein frisches Blatt für die, die ihn ansprechen.
Auch ist mir verkündet, dass die, welche sich über den Untergang meines
Volkes freuen, schon ihren Theil von Schicksalsschlägen empfangen werden.

Nun trennten sich die Familien von Bagîla in Folge der Kriege, die unter ihnen entstanden waren, und vertheilten sich unter die ihnen benachbarten Arabischen Stämme in deren Ländern; so schloss sich der grösste Theil der 'Oreina ben Casr an die Banu Ga'far ben Kilâb ben Rabî'a und 'Amr ben Kilâb ben Rabî'a ben 'Âmir ben Ça'ça'a; zwei

Stämme von 'Oreina, Gânim und Munqids, die Söhne des Mâlik ben Hawâzin ben 'Oreina, vereinigten sich mit Kalb ben Wabara; Mauhaba ben el-Rab'a ben Hawâzin ben 'Oreina gingen zu den Banu Suleim ben Mançûr und einige Familien von 'Oreina begaben sich zu den Banu Sa'd ben Zeidmenât ben Tamîm. Die Familien Suḥma ben Sa'd ben Abdallah ben Cudâd ben Tha'laba ben Mu'âwia ben Zeid ben el-Gauth ben Anmâr und Naçîb ben Abdallah ben Cudâd kamen zu den Banu 'Âmir ben Ça'ça'a; die Banu Abu Mâlik ben Suḥma und Banu Sa'd ben Suḥma ben Sa'd ben Abdallah ben Cudâd traten zu den Banu el-Waḥîd ben Kilâb und 'Amr ben Kilâb über; die Banu Abu Usâma ben Suḥma zu 'Obeid ben Kilâb und Mu'âwia el-Dhibâb; die 'Âdia ben 'Âmir ben Cudâd ben Tha'laba ben Mu'âwia ben Zeid ben el-Gauth ben Anmâr lebten unter den Banu 'Oqeil ben Ka'b ben Rabî'a ben 'Âmir ben Ça'ça'a; die Banu Dsubjân und Cotei'a, Söhne des 'Amr ben Mu'âwia ben Zeid ben el-Gauth ben Anmâr unter den Banu 'Âmir ben Ça'ça'a; die Banu Fitjân ben Tha'laba ben Mu'âwia ben Zeid ben el-Gauth ben Anmâr unter den Banu el-Ḥârith ben Ka'b und die Guscham ben 'Âmir ben Cudâd schlossen sich gleichfalls an die Banu el-Ḥârith ben Ka'b. Die Keis Kubba (Kubba ist der Name seines Pferdes) ben el-Gauth ben Anmâr verbanden sich mit den Banu Ga'far ben Kilâb; die Banu 'Oqeida und Banu Dhabba ben Ruhm ben Mu'âwia ben Aslam ben Aḥmas ben el-Gauth ben Anmâr zogen zu den Banu Sadûs ben Scheibân ben Tha'laba nach el-Baḥrein, ebenso einige Familien von el-'Atîk ben el-Rab'a ben Mâlik ben Sa'dmenât ben Nadsîr ben Casr, von denen einzelne auch in 'Omân wohnen, der grösste Theil aber in Nagrân unter dem Schutze der Banu el-Ḥârith ben Ka'b. In der Wüste zwischen Jemâma und Baḥrein lebt ein Zweig der Banu Suḥma, genannt el-Galâ'im [Singul. Gal'am], die Familie des Dichters Qeis el-Cattâl, und mit ihnen einige Mitglieder von Qeis, darunter der Dichter der Verse:

Auf! bringe den Söhnen Suḥma's allen, zu denen
die Banu Gal'am gehören, die Kunde: o Schande über Gal'am!
Ihr gehört nicht zu mir und ich nicht zu euch; ja, viel hat
verzehrt der Brand der angezündeten 'Arfag-Bäume.

Eine Abtheilung der Banu Muḥallim ben el-Ḥârith ben Tha'laba ben Suḥma vereinigte sich mit den Banu Muḥallim ben Dsuhl ben Scheibân, die anderen blieben bei Bagîla, wesshalb einer von ihnen sagt:

Ja, sie haben uns in zwei Theile getheilt, die einen von uns
sind Bagîla und die anderen bei Bekr ben Wâïl.
Und nun sterbe ich vor Trauer, nicht hier und nicht dort,
wie eine Frühgeburt stirbt unter den Händen der Hebammen.

el-Bagelî sagte zu seinen Leuten, als sie sich unter die Araber zerstreuten:

Ja, ihr seid zerstreut nach allen Seiten,
wie Gott die Banu Ma'add zerstreut hat.
Ihr waret um Mardân ansässig,
Schaaren eines Volkes von angeerbtem Verdienst und Ruhm.
Nun hat euch von einander getrennt
ein unholder Tag, ein unglückseliges Missgeschick.

Die Stämme von Bagîla lebten also unter den Stämmen der Banu 'Âmir ben Ça'ça'a und fochten auch auf ihrer Seite am Tage von Gabala; nun behaupten die Bagîla, dass Magzá[9]) el-'Orení (von 'Oreina ben Zeid ben Casr ben 'Abcar d. i. Bagîla ben Anmâr) es gewesen sei, welcher den Laqîṭ ben Zurâra am Tage von Gabala tödtete, und einer ihrer Dichter sagt:

Von uns ist der, welcher den Laqîṭ mit seiner Lanze traf,
am Morgen von el-Çafâ, und er war bewaffnet, behelmt,
Mit einem heftigen Stosse, der den Laqîṭ auf sein Gesicht hinstreckte,
dem dann ein zweiter folgte, — er war vernichtet.

Die 'Âdia ben 'Âmir ben Cudâd von Bagîla lebten also unter den Banu 'Âmir ben Ça'ça'a, die Suḥma ben Zeid unter den Banu Abu Bekr ben Kilâb und eine geringe Anzahl von ihnen bei den 'Okl, so blieben die Verhältnisse, bis Gott den Islâm erscheinen liess. Da bat Garîr ben Abdallah ben Gâbir ben Mâlik ben Naçr ben Tha'laba ben Gouscham ben 'Oweif ben Ḥazîma ben Ḥarb ben 'Alí ben Mâlik ben Sa'dmenât ben Nadsîr ben Casr ben 'Abcar ben Anmâr den 'Omar ben el-Chaṭṭâb, als er ihn zur Bekriegung der Perser ausschicken wollte, dass er sie

9) Die Cambrid. Handschr. hat Ma'dd.

[die Baǵîla] für ihn sammeln und sie aus jenen Stämmen herausziehen dürfe, und er that dies, nachdem 'Omar desshalb an seine Verwalter geschrieben hatte.

Die Chath'am ben Anmâr blieben in ihren Wohnsitzen am Sarât-Gebirge und in der Nähe der Berge Schann[1]), Bârik und anderer, bis die Azd auf ihrem Zuge aus dem Lande Saba und bei ihrer Zerstreuung in verschiedene Gegenden, an ihnen vorüber kamen; sie griffen die Chath'am an, vertrieben sie aus ihren Bergen und zwangen sie, ihre Wohnplätze zu verlassen, von denen dann die Azd Schanûa, Gâmid, Bârik, Daus, und die dortigen Stämme von Azd Besitz nahmen, und diese bildeten beim Erscheinen des Islâm ihre Bevölkerung und ihre Bewohner. Die Chath'am liessen sich dann zwischen Bîscha und Turaba und in den angränzenden und benachbarten Gegenden nieder und breiteten sich darin aus, bis Gott den Islâm erscheinen liess. Da zogen die Baǵîla und Chath'am nach Jemen und nannten ihr Geschlecht nach Anmâr ben Irâsch ben 'Amr ben el-Gauth ben Nabt ben Mâlik ben Zeid ben Kahlân ben Saba, indem sie sagten, wir sind Nachkommen des Cahṭân und gehören nicht zu Ma'add ben 'Adnân. Auch el-Nacha' d. i. Ǵasr ben 'Amr ben el-Ṭamathân ben Audsmenât ben Jacdum ben Afçá ben Du'mí ben Ijâd ben Nizâr zogen nach Jemen und liessen sich in der Gegend von Bîscha und deren Umgebung nieder, wo sie mit den Madshiǵ zusammen wohnten, deren Geschlecht sie annahmen, indem sie sagten: el-Nacha' ben 'Amr ben 'Ola ben Ǵald ben Mâlik ben Odad ben Zeid. Sie verharrten dabei bis auf eine Abtheilung, welche ihr Geschlecht beibehielten und ihre Abstammung kannten. Desshalb sagt Laqîṭ ben Ma'bad el-Ijâdi, als er die Ijâd gegen Kisrá aufreizte, indem er sie wegen ihrer Handlungsweise schmäht:

Und nicht überlasse einer von euch den anderen einem Unglück,
wie ihr auf der Höhe von Bîscha el-Nacha' verlassen habt[2]).

---

1) So in der gleichlautenden Stelle bei Jâcût, Bd. I. S. 464, wofür die Handschriften des Bekrí Schijj oder Schajj haben.

2) Vergl. Nöldeke, Beiträge zur altarab. Litteratur u. Gesch., in Orient u. Occident Jahrg. I. S. 698.

Hischâm sagt: Ueber el-Nacha' und Thakîf und über ihre Niederlassung in ihren Wohnsitzen mit ihren Familiengliedern giebt es noch eine andere Ueberlieferung, wonach im Widerspruch mit andern Angaben, die Mutter des Nacha' ben 'Amr eine Tochter des 'Amr ben el-Ṭamathân, und die Mutter des Thakîf eine Tochter des Sa'd ben Hudseil ben Mudrika gewesen sein soll. Hischâm sagt: el-Kalbí hat mir von Abu Çâliḥ überliefert[3]: Eines Tages kam bei Ibn 'Abbâs die Rede auf Thakîf und el-Nacha', da sagte er: Thakîf und el-Nacha' waren Vettern [ihre Mütter Schwestern], sie besassen gemeinschaftlich eine kleine Schaafheerde, die sie zusammen auf die Weide führten, in welcher sich ein Mutterschaaf mit einem Lamm befand. Nun begegnete ihnen ein Steuereinnehmer eines Jemenischen Königs und wollte ihnen das Schaaf, welches das Lamm hatte, abnehmen, wogegen sie aber Einwendungen machten und als er darauf bestand, das Milchschaaf zu nehmen, sagten sie: davon müssen wir und das Lamm leben, nimm ein anderes Stück; aber er wollte nicht. Da sahen sich die beiden einander an und es kam ihnen der Gedanke, ihn umzubringen; einer gab dem anderen einen Wink, dieser schoss einen Pfeil nach ihm ab und traf ihn mitten durch das Herz. Hierauf sagte einer zu dem andern: bei Gott! eine Erde trägt uns nicht ferner, willst du nach Westen, so gehe ich nach Osten, oder willst du nach Osten, so gehe ich nach Westen. Da sprach Casî d. i. Thakîf: so gehe ich nach Westen; und el-Nacha', mit seinem eigentlichen Namen Ǵasr, sagte: dann will ich nach Osten. Also ging el-Nacha' fort, bis er bei Bîscha in Jemen sich niederliess, und als seine Nachkommen sich vermehrten, zogen sie nach el-Dathanîja, und dort sind ihre Wohnsitze bis auf den heutigen Tag. Und Casî ging fort, bis er nach Wâdil-Curá kam, wo er sich bei einer betagten Jüdin niederliess; bei Tage arbeitete er und Nachts wohnte er bei ihr, er nahm sie als Mutter und sie ihn als Sohn an. Als ihr nun der Tod nahte, sprach sie zu ihm: ich habe ausser dir Niemand und möchte dich gern für die liebevolle Pflege, die du mir hast zu Theil werden lassen, belohnen und

3) Die folgende Erzählung findet sich auch bei Jâcût, Bd. 3. S. 496 mit geringen Abweichungen im Ausdruck und Sinn.

ich betrachte dich als meinen Sohn; da mir der Tod nahe ist, wirst du mich beerben, nimm also dieses Geld und diese Rebschösslinge, und wenn du in ein Thal kommst, wo du hinreichend Wasser findest, so pflanze sie da, es wird dir von Nutzen sein. Da starb sie und er nahm das Geld und die Schösslinge und ging fort, bis er in die Nähe von Wagg d. i. el-Ṭâïf kam; hier traf er eine Sklavin Namens Chuçeila (Hischâm sagt: andere nennen sie Zabîba[4]), welche dreihundert Schaafe weidete, und es kam ihm der Gedanke, sich ihrer zu bemächtigen. sie merkte ihm das an und sprach: du scheinst die Absicht zu haben, dich meiner zu bemächtigen, mich umzubringen und die Heerde wegzunehmen; und als er dies bejahte, fuhr sie fort: wenn du das thätest, würdest du dich selbst zu Grunde richten, deine Habe verlieren und die Heerde würde dir wieder abgenommen werden; ich bin die Sklavin des 'Âmir ben Dharib el-'Adwânî, des Herren und Richters der Qeis, du scheinst mir furchtsam und ein Flüchtling zu sein. Er antwortete: ja! — Bist du denn ein Araber? — Ja! — So will ich dir etwas besseres zeigen als das, was du beabsichtigest; wenn sich die Sonne zum Untergang neigt, kehrt mein Herr zurück, er kommt jenen Berg herab, überblickt von oben dieses Thal, und wenn er Niemand sieht, legt er seinen Bogen, Köcher und seine Kleider ab, dann geht er in das Thal hinunter um sein Bedürfniss zu verrichten, und nachdem er sich mit Quellwasser abgewaschen hat, steigt er wieder hinauf, nimmt seine Kleider und seinen Bogen, und kommt zurück; hierauf schickt er seinen Boten aus und lässt ausrufen: halo! wer Weitzenbrod, Fleisch, Datteln und Milch haben will, der komme in das Haus des 'Âmir ben Dharib! dann kommen seine Leute herbei. Nun suche vorher jenen Felsen zu erreichen und halte dich dahinter versteckt, und wenn er dann seine Kleider und den Bogen abgelegt hat, so nimm sie zu dir, und wenn er fragt, wer du seist? so antworte: ein Fremdling, gieb mir Wohnung, ein Vertriebener, nimm mich auf, ein Lediger, gieb mir eine Frau! das wird er schon thun. Casî machte es so, und als er ihn fragte: wer bist du? antwor-

4) Bei Jâcût a. a. Orte steht nur: eine Habessinische Sclavin; el-Suheilí, Anmerk. zu Ibn Hischâm, Leben Muh. Th. 2. S. 198, nennt sie Sucheila.

tete er: ich bin Casî ben Munabbih, ich bin ein Vertriebener, nimm mich auf, ein Fremdling, lass mich bei dir wohnen, ein Lediger, gieb mir eine Frau! Da ging er mit ihm nach Wag̀g und sandte seinen Herold aus und liess ausrufen: wer Brod, Fleisch, Datteln und Milch haben will, der komme in das Haus des 'Âmir ben Dharib. Da kamen alle seine Leute aus der Umgegend, und nachdem sie gespeist und Datteln gegessen und Milch getrunken hatten und damit zu Ende waren, sprach er zu ihnen: bin ich nicht euer Herr und der Sohn eures Herrn und euer Richter? sie antworteten: ja! — Haltet ihr nicht Treue, wem ich sie halte? nehmt ihr nicht auf, wen ich aufnehme und verheirathet, wen ich verheirathe? sie antworteten: ja! — Da fuhr er fort: dies ist Casî ben Munabbih, ich gebe ihm meine Tochter zur Frau, nehme ihn zu mir in mein Haus auf und verspreche ihm Treue zu halten. Sie antworteten: ja, wir billigen, was du thust. Also verheirathete er ihn mit seiner Tochter Zeinab und sie gebar ihm 'Auf, Guscham und Dâris, die unter den Azd am Sarât-Gebirge leben, und den Salâma, dessen Nachkommen sich zu den Jemenischen Stämmen rechnen. (Hischam sagt: es sind nur wenige Familien unter den Banu Naçr ben Mu'âwia). Als dann Zeinab starb, gab der Vater ihm seine andere Tochter Namens Âmina zur Frau, die gebar ihm einen Sohn Nâçir und eine Tochter el-Misk. (Hischâm sagt: sie ist die Mutter des Namir ben Câsiṭ). Casî pflanzte dann auch jene Sprösslinge in dem Thale von Wag̀g, und als sie Früchte trugen, sagten die Leute: das war doch ein gescheidter Einfall, den 'Âmir hatte, dass er ihm Treue gelobte und ihm eine Frau gab, und er die Sprösslinge pflanzte, so dass sie nun Früchte tragen. Von der Zeit an erhielt er den Namen Thakîf d. i. der gescheidte. Die Thakîf blieben dann beständig bei den 'Adwân, bis sie zahlreich geworden waren, da vertrieben sie die 'Adwân aus el-Ṭâïf.

Hischâm sagt: el-Ṭâïf erhielt diesen Namen, wie mir Abu Maskîn el-Madení erzählt hat, aus folgender Veranlassung. Ein Mann von el-Çadif hatte in seiner Familie in Ḥadhramaut Blut vergossen; der Çadefit hiess el-Damûn und der, den er getödtet hatte, war ein Vetter von ihm; er sagte desshalb:

Mit durchdringender Lanze habe ich 'Amr durchbohrt,
nun habe ich nirgends mehr eine bleibende Stätte.

Er floh und ging fort, bis er sich in Wagg niederliess, wo er sich unter den Schutz des Mas'ûd ben Mu'attib stellte. Da er ein sehr vermögender Mann war, machte er ihnen das Anerbieten ihnen eine Mauer zu bauen, die ihnen als Schutz gegen die Wüstenaraber dienen solle, und nachdem sie diesen Vorschlag angenommen hatten, baute er eine solche Mauer aus seinen eigenen Mitteln und der Platz wurde el-Ṭâïf d. i. der umgebende genannt, weil er sie wie eine Mauer umgab.

Die Stämme von Ijâd vereinigten sich, nachdem el-Nacha' sie verlassen hatte, und zogen östlich den Spuren der Cudhâ'a und Canaç nach; sie standen bei den Bewohnern von Tihâma in Ansehen und Achtung und besassen in jener Zeit eine grosse Stärke und Ueberlegenheit, was den Jemenischen Arabern wohl bekannt war. Die Thakîf trennten sich von ihnen und blieben bei ihren Oheimen 'Adwân ben 'Amr ben Qeis ben 'Ailân seitwärts von el-Ṭâïf, nachdem sie ihre Wohnplätze verlassen hatten, die von den Kinâna ben Chuzeima ben Mudrika in Besitz genommen wurden. Das Land, worin der Krieg zwischen den Ijâd und ihren Brüdern geführt war, in Folge dessen die Ijâd aus Tihâma vertrieben wurden, heisst Chânik und gehörte den Kinâna. Abul-Mundsir sagt nach seiner oben angegebenen Ueberlieferungskette von Ibn 'Abbâs: Rabî'a, Mudhar und Ijâd blieben in ihren Niederlassungen und Wohnsitzen nach dem Abzuge der Anmâr ben Nizâr und ihrer Auswanderung aus ihren Gegenden, da wurden die Ijâd sehr zahlreich und vermehrten sich so, dass einem Manne in einer Nacht zehn Kinder und noch mehr geboren wurden, während den Mudhar und Rabî'a in einem Monate nur ein einziges. Da mehrten sich ihre Stämme, ein Sprössling folgte dem anderen; zu ihnen gehörten die beiden Gamâma, zwei Stämme, und die beiden Kurdûs von Ijâd; zugleich aber wurden sie übermüthig gegen ihre Brüder, so dass z. B. einer von ihnen seinen Bogen an die Thür eines Mudhariten oder Rabe'iten anlehnte, um anzudeuten, dass er auf das, was darin sei, ein Anrecht habe. Nun wird behauptet, Gott weiss es am besten, dass sie einmal mitten in der Nacht von dem Gipfel eines Berges Jemand hätten rufen hören, also:

Ihr Schaar von Ijâd! wandert aus in die Welt, zu Gunsten der Helden Mudhar! Euer Leben verging unter Gewaltthaten, nun wohnet im Lande Sindâd, und keiner kehre nach Tihâma zurück!

Und Gott traf sie mit Geschwüren, nach Ibn Schabba mit einer Krankheit, welche نُقاخ genannt wird, da starben von ihnen in einem Tage und einer Nacht ein bis zwei Hundert. Da sagte ein frommer Mann von ihnen: ihr Schaar von Ijad! Gott trifft euch so, wie ihr seht, wegen eures Uebermuthes gegen eure Brüder, darum ziehet fort aus diesem Lande, wie euch befohlen ist, damit Gott nicht noch Strafen über euch verhängt. Ibn el-Kalbí sagt: Abu Abd el-Raḥman Muhammed ben Abd el-Raḥman el-Ançârí hat mir von Ibn Gureig von 'Aṭâ von Ibn 'Abbâs überliefert, Gott habe die Ijâd aus Tihâma durch den Nordwind vertrieben; Gott schickte nämlich über ihre Kameelheerden unfruchtbare Zeiten, bis, wenn sie abgemagert waren, der Nordwind wehte, nach dem sich dann die Kameele hin wandten; sie wurden also durch ihn aus Tihâma vertrieben, und desshalb sagt Umajja ben Abul-Çalt:

Unsere Väter beherrschten Tihâma in der Vorzeit
Und es strömte von ihrem Heere Idham.
Mein Volk ist Ijâd, wenn sie in die Nähe kämen oder
wenn sie Halt machten, so würde das Kameel geschlachtet.
Mein Grossvater ist Casí, wenn du den Stammbaum aufstellen willst,
und Mançûr in Wahrheit und Jacdum der alte.
Ein Volk, dem, wenn es sämmtlich auszieht, die Ebene von 'Irâk
gehört und der Urtheilsspruch und die Feder[5]).

Man sagt, die Ijâd waren mit ihren Brüdern in Tihâma und dessen Nachbarschaft geblieben, bis unter ihnen ein Krieg ausbrach, in welchem die Mudhar und Rabí'a über die Ijâd siegten; in einer Gegend ihres Landes, die Chânik heisst und jetzt zum Gebiete der Kinâna ben Chuzeima gehört, stiessen sie auf einander, die Ijâd wurden in die Flucht geschlagen und besiegt, und mussten Tihâma verlassen. Der Kinânit.

5) Vergl. Ibn Hischâm, Leben Muh. S. 32.

welchen Châlid bei el-Chumeiçâ tödtete, sagte zu dem Mädchen, in das er sich verliebt hatte:

Du hast dich sehen lassen, als ich euch suchte, da fand ich euch
bei Ḥalja eines Tages oder bei einem der Chânik.
Ist es nicht recht, dass der Liebende belohnt wird, der mit
Anbruch der Nacht und in Sonnengluth die Reise machen muss [6]).

Darauf beziehen sich auch die Verse eines der Banu Chaçafa ben Qeis ben 'Ailân:

Ijâd haben wir am Tage von Chânik niedergetreten
mit wohlgenährten Rossen, bis wir müde wurden.
Sie liefen mit den Reitern täglich um die Wette,
den Krieg verabscheuend, der sie von den Ställen fern hielt.
Dann kehrten wir zurück mit der Beute und den Gefangenen,
während sie in den Gegenden niedergestreckt waren [7]).

Die Ijâd wanderten aus ihren Wohnsitzen aus und liessen sich in Sindâd nieder, einer Gegend in den Niederungen von el-Kufa, wo sie lange Zeit blieben. Nach Ibn Schabba hatten sie sich in drei Theile getheilt, ein Theil wohnte mit den Asad ben Chuzeima in Dsu Ṭuwá, ein anderer bezog die Weiden von 'Ain Ubâg, und der grösste Theil ging weiter bis in die Gegend von Sindâd. In der Folge vereinigten sie sich alle zu einem gemeinschaftlichen Gottesdienste in Dsul-Ka'abât, einem Tempel in Sindâd, woran sich nach ihnen auch die Bekr ben Wâïl betheiligten. Sie breiteten sich zwischen Sindâd und Kâ'dhima aus bis nach Bârik, Chawarnak und den anstossenden Gebieten, und dehnten sich längs des Euphrat aus, so dass sie nach Mesopotamien hinein reichten, und ihre Ortschaften waren Deir el-A'war, Deir el-Gamâgim und Deir Curra. Die in 'Ain Ubâg vermehrten sich so, dass sie an Menge wie die Nacht waren, und sie blieben hier, indem sie gegen die benachbarten Beduinen Streifzüge unternahmen. Mit den Königen aus der Familie Naçr [den Lachmiten von Ḥîra] machten sie gemeinschaftlich feindliche Einfälle, bis sie einst die Frau eines vornehmen Persers antrafen [und mit sich nahmen], die als Verlobte ihrem zukünftigen Manne

6) Vergl. Ibn Hischâm, Leben Muh. S. 837.
7) Jâcût, Bd. 2. S. 393.

zugeführt werden sollte, womit ein unerfahrener, junger Mann beauftragt war. Nun rückten die benachbarten Perser gegen sie, (es soll Anûschirwân ben Cubads oder Kisrá ben Hurmuz gewesen sein und die Frau hiess Sîrîn), die Ijâd zogen sich nach dem Euphrat zurück und fingen an, ihre Kameele in grossen Schiffen überzusetzen und selbst über den Euphrat zu gehen, worüber ein Jamben-Dichter sagt:

Welch schlechtes Lager für die widerspenstigen Braunen
in dem Treiben des Schiffes mitten auf der Fluth.

Die Perser folgten ihnen und eine Priesterin, die unter den Ijâd war, sagte:

Wenn sie einen Mann unschuldig tödten und ein Kameel wegnehmen,
werden sie am Ende des Tages mit Blut beschmutzt werden.

Da sagte einer von ihnen zu seinem Sohne, Namens Thawâb: lieber Sohn! möchtest du wohl für dein Volk dein Leben geben? Da ging er hinaus mit seinem Kameele um ihnen zu begegnen, und sie tödteten ihn und nahmen sein Kameel weg. Das Oberhaupt des Stammes war damals Bajâdha ben Rijâḥ ben Ṭârik el-Ijâdí, und als die Schaaren auf einander stiessen, sprach Hind, die Tochter des Bajâdha:

Wir sind Töchter des Ṭârik, wir gehen auf den Satteldecken,
Moschus in den Scheiteln, den Gang des Caṭâ-Vogels mit vielen Jungen.
Wenn ihr kommt, umarmen wir euch, wenn ihr geht, trennen wir uns
in unlieber Trennung, und breiten aus die Decken.

Die Ijâd schlugen nun am Ende des Tages die Perser in die Flucht und zwar auf dem Arabischen Ufer des Euphrat; sie vernichteten dieses Heer und nur wenige retteten sich durch die Flucht. Sie sammelten dann die Schädel der Gefallenen und stellten sie wie einen Erdhügel zusammen, und davon erhielt der Ort den Namen Deir el-Ǵamâǵim d. i. Schädel-Kloster. Nach der Ueberlieferung des Abu 'Alí el-Câlí von seinen Gewährsmännern hatten die Ijâd, als sie sich in 'Irâk niederliessen, die dortigen Bewohner und alle, die sich ihnen wiedersetzten, überfallen, bis Kisrá Anûschirwân zur Regierung kam, da machten sie einen Angriff auf mehrere Persische Frauen und nahmen sie mit sich. Nun zog Anûschirwân gegen sie, tödtete von ihnen eine Anzahl und vertrieb sie aus 'Irâk, worauf einige sich in Takrît, andere in Mesopotamien und dem ganzen Gebiete von Mosul niederliessen. Dann sandte Anûschirwân gegen sie Leute von Bekr ben Wâïl mit den Persern, die vertrieben sie aus Takrît und Mosul bis zu einem Orte Namens el-Ḥaraǵîja, zwei oder drei Parasangen von el-Ḥiçnân; hier wurden sie von den Persern eingeholt, in die Flucht geschlagen und viele getödtet, und die Gräber der Ijâd sind dort bis auf den heutigen Tag. Sie zogen nun weiter, bis sie sich bei Bacarrá auf Griechischem Gebiete niederliessen, einige gingen auch nach Emessa und an die Syrische Gränze. Unter denen, welche von Bekr ben Wâïl mit den Persern gegen sie zogen, befand sich auch el-Ḥârith ben Hammâm ben Murra ben Dsuhl ben Scheibân, welcher mehrere von den Ijâd unter seinen Schutz nahm und ehrenvoll behandelte, zu ihnen gehörte Abu Duwâd el-Ijâdi, und die Araber haben davon das Sprichwort gemacht: „ein Schutzherr, wie der Schutzherr des Abu Duwâd" d. i. el-Ḥârith ben Hammâm [8]).

Hischâm sagt: Abu Zuheir ben Abd el-Raḥman ben Magzá el-Dausí hat mir von einem Manne seines Stammes, der es wissen konnte, folgendes erzählt: Bei Kisrá ben Hurmuz waren einige Geisseln von Ijâd und anderen Arabischen Stämmen; Kisrá pflegte für seine Bogenschützen einen Ring aufhängen zu lassen, wonach sie zur Uebung der Reihe nach mit Pfeilen schossen. Einst sagte einer der Geisseln von Ijâd: wenn mich der König hinunter liesse, so wollte ich so gut schiessen, als sie. Als Kisrá dies hinterbracht wurde, befahl er ihm hinunter zu gehen; er schoss dann, und machte seine Sache ausgezeichnet gut. Da sprach er zu ihm: giebt es unter deinem Volke mehr, die so gut schiessen als du? er antwortete: sie alle schiessen so wie ich. — So gehe hin und hole mir 3 bis 400 Mann, die ebenso schiessen wie du. Dies geschah, er nahm sie in seinen Dienst und stellte sie als Wächter auf die Warten an der Gränze nach dem Euphrat hin auf, damit niemand von dort herüber käme. Von el-Madâïn bis nach Nahr el-Malik war damals das Land eine grüne Flur von Gartenanlagen, die nicht besonders eingezäunt waren, und Sîrîn, eine geborene Griechin, pflegte hier mit ihren

8) Ueber eine verschiedene Veranlassung zu diesem Sprichwort vergl. Arab. proverb. ed. Freytag. T. I. pag. 287.

Sklavinnen spazieren zu gehen. So traf sie einer von jenen Ijâd, Namens Aḥmar, mit einem seiner Cameraden und sie fingen an, den Frauen lästig zu werden. Die Araber machen daraus [da der Name des anderen nicht bekannt ist], zwei Aḥmar und ein Jamben-Dichter sagt:

Die beiden Aḥmar haben Ijâd zu Grunde gerichtet
und ihrem Volke el-Sawâd unzugänglich gemacht.

Die Frauen beschwerten sich hierüber bei Kisrá und dieser sandte eine Anzahl Perser gegen sie aus; die beiden Aḥmar flohen, nachdem sie noch ihre Cameraden gewarnt hatten, [so dass auch sie sich flüchten konnten], und die Perser erreichten sie, als sie bereits über den Tigris hinüber waren. Kisrá hatte ihnen gesagt: schiesst sie nieder, wenn ihr sie trefft. Als sie nun sie einholten, formirten die Ijâd eine Colonne und schossen sämmtlich mit einem Male, so dass sie allen ihren Gegnern die Augen schlossen. Kisrá, hiervon benachrichtigt, sandte eine Abtheilung Reiter gegen sie aus und befahl dem Laqîṭ ben Ma'mar ben Chârig̈a ben 'Aubathân el-Ijâdí, welcher bei Kisrá Gefangener war, an die Befehlshaber seines Stammes, die nach Mesopotamien hinein wohnten, zu schreiben, dass sie zu ihren Stammgenossen stossen und sich mit ihnen vereinigen sollten; er hatte dabei die Absicht, dann gegen sämmtliche Ijâd seinen Angriff zu richten und alle zu vernichten. Laqîṭ schrieb auch an seinen Stamm, aber er warnte sie vor Kisrá und ermahnte sie auf ihrer Huth zu sein:

Ein Gruss auf diesem Blatte von Laqîṭ
an die Ijâd in Mesopotamien.
Sieh, der Löwe kommt zu euch heran geschlichen,
lasst darum das Handeln auf dem Schaafmarkte!

Nach anderer Ueberlieferung: Sieh, der Löwe Kisrá kommt schon zu euch. Er schrieb ihnen auch noch in einer Caçîde, deren Anfang:

O Haus 'Abla's, ihre Wohnung auf der Sandfläche,
das mir Kummer, Trauer und Schmerz aufregt!

Nach anderer Ueberlieferung: du hast mir Kummer, Trauer und Schmerz aufgeregt. Dann sagt er darin:

Melde den Ijâd, und wende dich besonders an ihre Fürsten,
dass ich sehe, wie der Plan, wenn man mir nicht widerstrebt, jetzt klar ist.

O wehe meiner Seele, wenn ihre Verhältnisse sich gelöst haben,
während die der übrigen Menschen sich befestigt und vereinigt haben.
Fürchtet ihr, von edlem Geschlecht, nicht Leute, die eben
wie Heuschreckenschaaren eilends gegen euch gezogen sind?
Söhne von Leuten, die mit euch in Hass zusammen wohnten,
die nicht wissen, ob Gott schadet oder nützt.
Täglich schärfen sie für euch die Lanzen,
nicht schlafend, während der Sorglose schläft.
Was ist mir? ich sehe euch in Sorglosigkeit schlafen,
und schon seht ihr die Flammen des Krieges aufschlagen.
O mein Volk, möget ihr an eurem Theuersten nicht Schaden leiden,
denn ich fürchte dafür die unheilvolle Zeit.
O mein Volk, wenn ihr auf eure Frauen eifersüchtig seid,
so trauet nicht dem Kisrá und dem, was er gesammelt hat.
Dies [sorglose Wesen] ist das Unheil, welches eure Wurzel abschneidet;
und wer hat je einen Plan wie diesen gefasst und wer davon gehört?
Darum übertragt eure Führung — Gott helfe euch — einem Manne
von ausgebreiteter Kenntniss, der dem Kriegswesen gewachsen ist;
Nicht übermüthig, wenn er mit Lebensüberfluss beglückt ist,
doch auch nicht gebeugt, wenn Unannehmlichkeiten an ihm nagen;
Der nicht aufhört, diese Zeit an ihren Eutern zu melken [9]),
bald folgend, bald befehligend;
So dass sein starker Strick verkehrt [d. i. fest] gedreht ist,
gesetzt an Jahren, weder abgelebt, noch schwächlich;
Der nicht den Schlaf schmeckt, ohne dass, so oft Sorge ihn aufweckt,
seine Eingeweide fast die Rippen zerbrechen;
Der neu gestärkt es mit allen Menschen aufnimmt, der,
wenn sie vereint im Schlachtgetümmel ihn niederstrecken wollten, sie niederstrecken würde.
So habe ich von meinem Rath das beste für euch ausgewählt ohne Falsch;
nun wachet auf! sieh, das beste Wissen ist das, welches nützt.

Als dieses Schreiben zu ihnen kam, flohen sie, und auf Kisrá's Befehl wurden sie und die, welche jenseits des Euphrat zurückgeblieben waren, von der Reiterei umzingelt und dann mit blanken Waffen angegriffen. Hischâm erzählt nach el-Kalbí: die Zahl derer, welche im Wasser

9) d. h. der Glück und Unglück reichlich erfahren hat.

ertranken, war grösser, als die durch das Schwerdt umkamen, und als Kisrá von dem Gedichte des Laqîṭ Kenntniss erhielt, liess er ihn tödten; er war sein Secretär für das Arabische und sein Dollmetsch und mit Kisrá's Frau nahe verwandt. Die Ijâd unterwarfen sich nun den Gassaniden und wurden Christen und der grösste Theil von ihnen war bei denen, welche mit dem Gassaniden Gabala ben el-Eiham, den Cudhâ'a und anderen auf das Griechische Gebiet hinüber gingen, einige Ueberreste von ihnen zerstreuten sich in die Syrischen Districte und Städte. Die Zahl der Ijâd, Cudhâ'a, Gassân, Lachm und Gudsâm, welche mit Gabala ben el-Eiham übergetreten waren, belief sich auf etwa 40,000, sie leben bis auf den heutigen Tag zusammen, ihr Hauptort heisst die Stadt der Araber, und die sich jetzt noch von ihnen in Syrien aufhalten, haben weder eine bestimmte Abkunft, noch einen Stammesnamen, nach dem sie sich benennen. — Hischâm sagt: el-Kalbí hat mir von 'Alí ben Wathâb el-Ijâdí von seinem Vater erzählt, dass die Ijâd seit der Zeit, da sie auf Griechisches Gebiet übertraten, bis zum Erscheinen des Islâm dort blieben; als dann 'Omar ben el-Chaṭṭâb zur Regierung kam, schickte er Gesandte mit Corân-Bänden an den Griechischen Kaiser und liess ihm sagen: lass diese Bücher unsern Arabischen Stammverwandten, die unter dir stehen, vorlegen, und wer von ihnen den Islâm annehmen will, dem sollt ihr keine Schwierigkeiten in den Weg legen, zu uns herüber zu kommen; bei Gott! wenn du das nicht thust, so werde ich alle deine Glaubensgenossen in unserm ganzen Reiche verfolgen und umbringen lassen. Als diese Bände bei ihm ankamen, wurden sie mit dem Evangelium verglichen und man fand, dass der Corân mit dem Evangelium übereinstimmte; sie nahmen den Islâm an und ein Herold rief den Muhammedanischen Segensspruch aus. Ibn Wathâb fährt fort in der Erzählung seines Vaters: ich fing an, die Reihen zu betrachten und konnte vor ihrer Menge die Enden nicht absehen; und er setzt hinzu: als es aber zum Auszuge kam, zogen von ihnen nur 4000, darunter mein Vater. — Tha'laba ben Geilân gedenkt des Auszuges der Ijâd aus Tihâma in folgenden Versen[1]):

1) Die sechs ersten Verse bei Jâcût, Art. الغمس.

Mein Kameel sehnt sich nach dem Lande Mugammas,
wo diesseits der Rücken el-Garib ist, dann Râkis.
Dort schnitten unsre Frauen uns die Riemen ab [2]),
und die den Wöchnerinnen Speise bereiteten, verwandten dazu unsre Söhne [3]).
Wenn ich will, seufzt mir die Taube im Haine,
doch ihre Stimme ist nicht so wie die der 'Irnâs [4]).
Es antworten aus der Wüste alle schnellen Kameele,
wenn ihre verlassenen Einöden erscheinen.
Wie schön waren doch die Berge von Bîscha und el-Liwá,
wie schön ihre Gärten und die Bienen!
Dort wohnten die Gasr ben 'Amr, doch eines Morgens
waren den Ijâd dort die Nasen herunter gedrückt;
Die Du'mí erhielten durch die Anrufung ihrer Brüder
die Einöden von Âl, die den Reitern unbequem sind.

Gemeint ist Gasr ben 'Amr el-Nacha'í und Du'mí ben Ijâd. — So sind in Tihâma und anderen Ländern von 'Adnân's Nachkommen keine übrig geblieben, als Mudhar und Rabî'a und die entweder als aufgenommene Fremde oder als Schutzgenossen unter ihnen lebten. — Ibn Schabba sagt: was Casí ben Munabbih ben el-Nabît ben Mançûr ben Jacdum ben Afçá ben Du'mí ben Ijâd betrifft, so blieb er in el-Tâïf unter einigen seiner Schwäger von 'Adwân ben 'Amr ben Qeis ben 'Ailân, weil die Mutter seiner Söhne Zeinab eine Tochter des 'Âmir ben el-Dharib el-'Adwâní war, wie oben bemerkt ist. Casí d. i. Thakîf war hochfahrend gegen seine Familie und anmassend gegen seine Verwandten und Nachbaren, so dass sie sich endlich offen ihm widersetzen und er von ihnen fortzog. Die 'Âmir ben Ça'ça'a, gleichfalls Schwäger der 'Adwân durch ihre Stammmutter 'Omra, eine Tochter des 'Âmir ben el-Dharib, liessen sich als deren Schutzgenossen in der Gegend von el-Tâïf nieder und wohnten eine Zeit lang in ihrer Umgebung, bis unter den 'Adwân ein Krieg ausbrach, in Folge dessen der grösste Theil von ihnen sich zerstreute und ihr Gemeinwesen zerfiel. Jetzt erwachte in den Banu

2) um sie in der äussersten Hungersnoth als Speise zu bereiten.

3) bei Jâcût weniger schauderhaft: sie ertränkten (erstickten) unsre Söhne.

4) Nomen avis columbae similis.

'Âmir die Lust, sie zu unterdrücken, sie jagten sie aus el-Ṭâïf hinaus und vertrieben sie von dort, und darüber sagt Ḥurthân ben Muḥarris Dsul-Açba' el-'Adwâní:

Einer widersetzte sich dem anderen,
so dass keiner über den anderen herrschte.
Sie liessen die Thakîf gewähren,
eine Familie, nicht verkommen, aber auch nicht im Wohlstande.

Die Banu 'Âmir pflegten den Sommer über in el-Ṭâïf zu wohnen wegen seines milden Klimas und seiner Früchte, im Winter zogen sie nach ihren Besitzungen in Na'gd, weil diese ausgedehnter waren, mehr Weiden und Futter hatten und von ihnen dem Aufenthalte in el-Ṭâïf vorgezogen wurden. Die Thakîf kannten dagegen die Vorzüge von el-Ṭâïf und sagten desshalb zu den Banu 'Âmir: diese Gegenden sind zu Anpflanzungen und Saatfeldern geeignet, wir sehen aber, dass ihr Weideplätzen vor ihnen den Vorzug gebt, ihr versteht das Bepflanzen und Bestellen nicht gut, wir sind in solcher Arbeit erfahrener als ihr; wollt ihr nicht von dem Ackerland und der Weide zugleich Nutzen ziehen und diese eure Ländereien uns übergeben? dann wollen wir den Acker pflügen, Weinstöcke und Obstbäume pflanzen, Wasserleitungen anlegen, Brunnen graben, Gebäude aufführen, Gärten umzäunen, soviel wir für gut finden und soweit wir dazu im Stande sind, ohne dass ihr euch damit zu befassen braucht und so dass ihr andere Beschäftigung wählen könnt; wenn dann die Saaten zur Reife gekommen, die Früchte zeitig sind, so theilen wir mit euch, so dass ihr für euer Anrecht an die Länder die Hälfte, und wir die andere Hälfte für unsre Mühe bekommen, dann habt ihr von der Weide und von dem Ackerlande in gleicher Weise Nutzen, wie es zusammen keinem der Araber in gleicher Weise zu Theil wird. Da übergaben die Banu 'Âmir el-Ṭâïf an die Thakîf unter dieser Bedingung und die Thakîf liessen sich die Verbesserung der Bewirthschaftung angelegen sein; die Banu 'Âmir kamen zur Zeit der Erndte und empfingen die Hälfte aller Früchte zugemessen, und die Thakîf nahmen die andere Hälfte. 'Âmir und Thakîf schützten el-Ṭâïf gegen feindliche Angriffe und lebten in diesem Verhältnisse lange Zeit, bis die Thakîf sich sehr vermehrt hatten; da befestigten sie el-Ṭâïf, indem sie es rings mit einer Mauer umgaben, wovon der Ort den Namen el-Ṭâïf erhielt, und als sie sich durch ihre Menge und ihre Befestigungen für stark genug hielten, schlossen sie sich gegen die Banu 'Âmir ab; diese griffen sie an, konnten aber weder zu ihnen vordringen, noch viel weniger sie unterwerfen, und die Araber haben nie in ähnlicher Weise einen Ort belagert. Da sagte el-A'gaschsch ben Mirdâs ben 'Amr ben 'Âmir ben Jasâr ben Mâlik ben Ḥuṭeiṭ ben 'Guscham ben Casí in der Erinnerung an el-Ṭâïf:

Schon früher haben uns die 'Amr ben 'Âmir aus Erfahrung kennen gelernt,
so dass es jeder Einsichtige und Verständige von ihnen erzählen kann.
Da sie es wissen, wenn sie die Wahrheit sagen, dass,
wenn die Sättel sich schräg auf die Seite neigten, wir sie wieder aufgerichtet haben.
Wir haben darin gewohnt, bis ihr Löwe zahm wurde
und der Ungerechte dort zum klaren Recht zurückkehrte.
Unsre Bekleidung ist ein glänzender Panzer aus Muḥarriks Erbschaft
wie die Farbe des Himmels, den seine Sterne schmücken.

Kinâna ben 'Abd Jâlîl ben 'Amr ben 'Omeir ben 'Auf ben Gijara ben 'Auf ben Casí sagt, indem er sich el-Ṭâïf's rühmt und seiner Vorzüge gedenkt:

Als wenn uns Gott nicht bevorzugt hätte,
am Morgen da die Erde in Stücken vertheilt wurde.
Wir wissen, unser Loos fiel aus der Hand
auf Wa'gg, als er die Loose vertheilte.
Da, als er es uns deutlich machte, wählten wir
die Mitte der Erde . . .[5]).
Deren untere Theile Wohnungen für alle Stämme,
deren obere Theile für uns eine heilige Stadt ist.

In der Folge änderten sie ihr Stammregister und nannten sich Casí ben Munabbih ben Bekr ben Hawâzin ben Mançûr ben 'Ikrima ben Chaçafa ben Qeis ben 'Ailân; eine Abtheilung von ihnen blieb aber bei ihrer Abstammung von Ijâd. Umajja ben Abul-Çalt sagt:

---

5) In dem Halbverse سنام الارض — ت لها سناما fehlt ein Wort.

Wenn du, Buthcina, nach mir fragst
und nach meinem Geschlecht, will ich dir die Wahrheit verkünden.
Ich gehöre zu Nabît, den Söhnen des Casí,
von Mançûr ben Jacdum, den alten;
zu Afçá, der Schutz der Unglücklichen ist Afçá,
auf Afçá ben Du'mí sind wir gebaut.
Und Du'mí, von ihm hat Ijâd den Vornamen,
auf ihn führe ich mein Geschlecht zurück, damit du es weist.

Mâlik ben 'Auf el-Naçrí sagte:

Auf! verkünde den Thakîf, wo sie sind,
dass ich, so lange ich lebe, ihnen feind bin.
Denn ich gehöre nicht zu euch und du nicht zu mir,
sondern meine Wohnung ist unter den Uhâdha oder Ijâd.

Da antwortete ihm Mas'ûd ben Mu'attib:

Euer Qeis gehört nicht zu uns und wir nicht zu euch,
sondern wir sind Söhne des Nabît ben Jacdum,
und wenn ich einmal unter den Uhâdha um Hülfe rufe, kommen zu mir
Schaaren lautlos, ich fürchte kein Unrecht.

Und Geilân ben Salama ben Mu'attib sagte:

Ich bin ein Mann von Ijâd, aus unvermischtem Geschlecht,
ein Funken sprühendes Feuerzeug, verkleinere du nur Qeis 'Ailân.
Sie sind meine Ahnen und zu ihnen führe ich mein Geschlecht hinauf,
und der Stamm Qeis, die sind meine Schwäger und Schutzherren.

In Tihâma und seinen Niederungen blieb also von 'Adnân's Nachkommen keiner übrig als Rabî'a und Mudhar und die entweder als aufgenommene Fremde oder als Schutzgenossen unter ihnen lebten. — Ibn Schabba sagt: was Casí ben Munabbih ben el-Nabît ben Mançûr ben Jacdum ben Afçá ben Du'mí ben Ijâd betrifft, so blieb er in el-Ṭâïf unter einigen seiner Schwäger von 'Adwân ben 'Amr ben Qeis ben 'Ailân, wie oben vorgekommen ist. — Als sie sich vermehrten und ihnen ihre Wohnungen zu enge wurden, breiteten sich die Rabî'a weiter aus in den benachbarten Gegenden von Na'gd und Tihâma, sie lebten also in Carn el-Manâzil, Ḥadhan, 'Okâba, Rukba, Ḥunein, Gamra Auṭâs, Dsât 'Irk, el-'Akik und den benachbarten Orten von Na'gd, mit ihnen die Kinda, mit denen sie Streifzüge unternahmen und Beute machten; sie dehnten sich bis an die Gränzen von Syrien und die Gegend von Jemen aus und gingen der Weide wegen von einem Orte zum andern. Die Banu 'Âmir ben el-Ḥârith ben Anmâr ben Wadî'a ben Lukeiz ben Afçâ ben 'Abd el-Qeis trafen einst den 'Âmir el-Dhaḥjân ben Sa'd ben el-Chazrag ben Teimallah ben el-Namir ben Câsiṭ, ('Âmir hatte unter den Rabî'a das Amt, die Haltestellen für die Fütterung und die Ordnung auf den Frühjahrsweiden zu bestimmen), und tödteten ihn ganz unschuldiger Weise; die Namir und übrigen Angehörigen von Câsiṭ, welche damals unter ihnen die oberste Leitung hatten, sagten desshalb zu den 'Abd el-Qeis, ihren nächsten Verwandten: was habt ihr für einen Grund, dass ihr unsern Anführer tödtet und das uns gebührende Ansehen gering schätzt? entweder ihr lasst uns Gerechtigkeit wiederfahren und macht das uns angethane Unrecht wieder gut, oder wir werden den Krieg gegen euch anfangen. Die Abgeordneten, welche den Streit schlichten sollten, gingen zwischen ihnen hin und her und der Friede wurde dann unter der Bedingung geschlossen, dass die 'Abd el-Qeis die Sühne für ein Oberhaupt, das Zehnfache einer gewöhnlichen Sühne, entrichten sollten, so dass auf die Banu 'Âmir 500 Kameele und auf alle übrigen 'Abd el-Qeis 500 kamen. Bis zur Entrichtung der Sühne wurden Geisseln gestellt, fünf Personen aus den Banu 'Âmir und vier von den 'Abd el-Qeis, unter letzteren eine Frau von den Banu Ganm ben Wadî'a ben Lukeiz ben Afçâ ben 'Abd el-Qeis. Die Banu 'Âmir schickten ihre 500 und lösten damit ihre Geisseln ein; die übrigen 'Abd el-Qeis schoben aber die Einlösung ihrer Geisseln hinaus und desshalb machten die Namir auf sie einen Angriff, tödteten sie und setzten dann jene Frau in Freiheit[6]). Da traten die 'Abd el-Qeis gegen sie zusammen und sagten zu ihnen: ihr, unsre Verwandten, habt den Angriff gemacht, das Besitzthum genommen und die Leute getödtet. Dies war der Anfang des Krieges zwischen den Banu Rabî'a, es kam zu einem heftigen Kampfe, der den Namir Tod und Verderben brachte und sie der Oberhoheit verlustig machte und sie veranlasste, sich zu den Banu Jaschkur zu begeben. Die Rabî'a trenn-

6) وخلوا سبيل المراة, vielleicht وجلوا قبيل المراة und zwangen den Stamm jener Frau zur Auswanderung.

ten sich in Folge dieses Krieges und schieden auseinander. 'Abd el-Qeis, Schann ben Afçá und ihr Anhang zogen fort und sandten Kundschafter aus um gute Weide zu suchen, und wählten el-Baḥrein und Ḥağar, wo sie sich mit den dortigen Ijâd und el-Azd vereinigten; sie banden ihre Pferde an die stehen gebliebenen Stämme der abgehauenen Palmen und fragten die Ijâd: seid ihr es zufrieden, dass die 'Abd el-Qeis ihre Pferde an eure Palmen anbinden? Da antwortete einer: „die Palmen kennen ihre Leute", welche Redensart zum Sprichwort geworden ist [7]. Die 'Abd el-Qeis vertrieben in der Folge die Ijâd aus jenen Gegenden, worauf diese nach 'Irâk zu zogen; als die Schann ben Afçá ihnen nachfolgten, wandten sich die Ijâd gegen sie, bis sie gegenseitig von einander abliessen und einige Stämme von Schann sich abtrennten. Die Ijâd pflegten el-Ṭabak (die Decke) genannt zu werden wegen ihrer Stärke und des ihnen eigenen Muthes und weil sie die Leute in ihrer Blösse und Noth deckten, wesshalb ein Dichter sagt:

Die Schann trafen die Ijâd bei el-Canâ
als eine Decke, die Schann passten zu ihrer Decke.

Und einer ihrer Priester sagte:

Die Schann passten zu ihrer Decke,
sie passten zu ihr, da fielen sie sich um den Hals.

'Amr ben Aswá el-Leithí von 'Abd el-Qeis sagte einige Zeit nachher:

Auf! bringet ihr beide an 'Amr ben Qeis die Botschaft:
Sei nur nicht ungehalten über das eingetroffene Schicksal u. habe Geduld!
Vertrieben haben wir die Ijâd von den Teichen, die sich zusammen zogen,
und Bekr haben wir verjagt von den Wasserbehältern bei Muschakkar [8].

Die 'Abd el-Qeis nahmen also Besitz von el-Baḥrein und theilten es unter sich, so dass die Ġadsîma ben 'Auf ben Bekr ben 'Auf ben Anmâr ben 'Amr ben Wadí'a ben Lukeiz ben Afçá ben 'Abd el-Qeis an der Meeresküste und an den Seiten sich niederliessen, die Schann ben Afçá ben 'Abd el-Qeis nahmen die Gränze und das 'Irâk näher liegende Gebiet zum Wohnsitz, und die Nukra' ben Lukeiz ben Afçá ben 'Abd el-Qeis blieben mitten in el-Caṭîf und der Umgegend. Ibn Schabba sagt:

7) Arabum proverb. ed. Freytag. Tom. II. pag. 105.
8) Jâcût in dem Artikel Muschakkar.

die Nukra liessen sich in el-Schifâr und el-Dhahrân nieder bis an die Sandwüste und in der Gegend zwischen Hagar, Caṭar und Beinûna; dieses Beinûna (Zwischenland) erhielt den Namen davon, dass es in der Mitte zwischen el-Baḥrein und 'Omân liegt. Die 'Âmir ben el-Ḥârith ben Anmâr ben 'Amr ben Wadî'a ben Lukeiz ben Afçá ben 'Abd el-Qeis und el-'Omûr, das sind die Banu el-Dîl ben 'Amr, Muḥârib ben 'Amr und 'Igl ben 'Amr ben Wadî'a ben Lukeiz ben Afçá, mit ihren Verbündeten 'Amîra ben Asad ben Rabî'a liessen sich in der Ebene bei den Quellen und Brunnen längs der Gränze von el-Dahnâ nieder und vermischten sich mit den Bewohnern von Hagar in ihren Behausungen. Einige Stämme von 'Abd el-Qeis, nämlich Zâkia ben Wâbila ben Dohn ben Wadî'a ben Lukeiz ben Afçá ben 'Abd el-Qeis, 'Amr ben Wadî'a ben Lukeiz, el-'Awaca, 'Auf ben el-Dîl, 'Âïsch ben el-Dîl ben 'Amr ben Wadî'a und 'Amr ben Nukra ben Lukeiz ben Afçá bezogen die Ebene von 'Omân und wurden hier Theilhaber an den Ländern der Azd; das sind die Nachgebornen von 'Omân und bei ihnen sind die Nachgebornen von Balqein, Garm, Nahd, Nâgia und diejenigen von den Banu 'Abschams ben Sa'd ben Zeidmenât ben Tamîm, den Banu Mâlik ben Sa'd und 'Auf ben Sa'd ben Zeidmenât ben Tamîm, welche sich ihnen anschlossen. Einige Stämme von Rabî'a bezogen die Höhen von Nagd und Ḥigâz und die Gränzen von Tihâma und die benachbarten Gegenden und breiteten sich darin aus und lebten in el-Dsanâïb, Wâridât, el-Aḥaçç, Schubeith, Baṭn el-Garîb, el-Taglamân und in den dazwischen und herum liegenden Niederlassungen. Einige Stämme von Rabî'a zogen nach Jemen, verbündeten sich mit den dortigen Einwohnern, blieben aber bei ihrer Abstammung, wie die Aklub ben Rabî'a ben Nizâr, welche sich in der Gegend von Tathlîth in Jemen und dessen Umgebung niederliessen und als Nachbaren der Chath'am sich mit ihnen verbündeten, so dass sie sich gegenseitig gegen ihre Feinde Hülfe leisteten. Desshalb sagt einer von Chath'am, dann von Schahrân, welcher die Aklub ben Rabî'a vertrieben hatte:

Die Aklub gehören nicht zu uns und wir nicht zu ihnen,
und was haben die Chath'am am Tage des Rühmens mit Aklub gemein?

Ein schlechter Stamm, dessen Ursprung von Rabî'a,
der bei uns weder Oheim noch Vater hat.

Da antwortete ihm der Aklubit:

Ich gehöre zu dem Volke, nach welchem du mich benennst,
edel vom Grossvater, Oheim und Vater.
Wenn du sie näher kenntest, würdest du mich nicht zu ihnen vertrieben haben.
Glaubst du, dass ich dadurch beschimpft würde?
Wenn Half und Nâhis meine Oheime nicht sind,
so bin ich ein Mann, dessen Oheime Bekr und Taglib.
Unser Ahn ist der, vor welchem kein Pferd geritten wurde,
und vor welchem Niemand wusste, wie man reitet [9]).

Auch die 'Anz zogen nach Jemen und verbündeten sich mit den Chath'am. 'Anz ist Abdallah ben Wâïl ben Câsiṭ, und er wurde 'Anz (Ziege) genannt, weil sein Kopf in scharf ausgeprägten Zügen mit dem Kopfe einer Ziege Aehnlichkeit hatte. — Die Banu Ḥanîfa ben Log'eim ben Ça'b ben 'Ali ben Bekr ben Wâïl wanderten aus, indem sie dem Futter und Wasser nachgingen, die Orte, wo mehr oder weniger Regen gefallen war, als Weide aufsuchten und den Weg, welchen die 'Abd el-Qeis betreten hatten, verfolgten; da trennte sich von ihnen 'Obeid ben Tha'laba ben Jarbû' ben Tha'laba ben el-Dûl ben Ḥanîfa, indem er mit seiner Familie und seinem Vieh die Weiden aufsuchte, bis er unvermuthet nach el-Jemâma kam, wo er sich an einem Orte Namens Cârât [1]) eine Nachtreise von Ḥag'r niederliess und einige Tage verweilte. Er hatte einen Jemenischen Schützling bei sich vom Stamme Sa'd el-'Aschîra aus der Familie Zobeid. Nun ging ein Hirt des 'Obeid weiter, bis er nach Ḥag'r kam; hier sah er die Schlösser und Palmen, und ein Land, worin, wie er einsah, grosse Ereignisse stattgefunden hatten. Er kehrte zu 'Obeid zurück, brachte ihm hierüber Nachricht und sagte: ich habe Palläste gesehen und hohe, schöne Bäume, welche solche Früchte tragen; damit überreichte er ihm einige Datteln, die er zerstreut unter den Palmen gefunden hatte, und als 'Obeid sie kostete, sprach er: das ist, bei

9) d. i. Rabî'a el-Faras.

1) Genauer bei Jâcût, Bd. 2. S. 209 Cârât el-Hubal.

Gott, ein Genuss! Am anderen Morgen liess er ein Kameel schlachten und sprach dann zu seinen Söhnen, Sklaven und dem Zobeiditen: seid auf eurer Huth, bis ich wieder zu euch komme. Dann bestieg er sein Pferd, liess seinen Sklaven hinten aufsitzen und ergriff seine Lanze, bis er nach Ḥa'gr kam; als er es sah, erkannte er, dass darin grosse Ereignisse statt gefunden haben mussten; er steckte seine Lanze in die Erde, trieb dann sein Pferd an, und umkreiste dreissig Wohngebäude und dreissig Gehöfte und was er umkreist hatte, erhielt davon den Namen Ḥa'gr (Gehäge) und dies ist Ḥa'gr in Jemâma und darüber sprach er die Verse:

Wir haben uns niedergelassen in einer Behausung, worin einst seine Genossen lebten,
dann sind sie fortgezogen und haben ihre Burgen in unversehrtem Verputz zurückgelassen.
Sie sind dann Bewohner der Wüste geworden in der Fremde
zerfallen, und wir sind in den Häusern ihre Bewohner geworden.
Nach uns wird sie ein anderer Bewohner in Besitz nehmen
und 'Audh in ihren Ebenen und Feldern wohnen.

Die Bekr ben Wâïl hatten ein Götzenbild Namens 'Audh; nach anderen bedeutet 'audh den Wechsel der Zeit, die Zukunft. Das Wort kommt in einem Gedichte vor, worin ein Mann von 'Anaza in der Vorzeit erwähnt, dass 'Audh ein von dem ganzen Stamme Bekr verehrter Götze sei:

Ich habe geschworen bei dem vielen Blute rings um 'Audh
und bei den Bildern, die bei el-So'eir zurückgelassen sind:
Ich will beständig das Land die Hälfte des Lebens durchziehen,
und nie soll mein Kameel ihre Gegend verlassen.

Hierauf stiess 'Obeid seine Lanze in der Mitte in die Erde, kehrte dann zu seinen Leuten zurück, nahm sie mit sich und liess sich dort mit ihnen nieder. Als dies sein Zobeidischer Schützling sah, sagte er: o 'Obeid, halbpart! er antwortete: das nicht, aber so viel, dass du zufrieden sein kannst. Jener erwiederte: auf die Zufriedenheit folgt nur Unzufriedenheit. Da sprach 'Obeid: jenes Dorf eine halbe Parasange von Ḥa'gr soll dir gehören. Der Zobeidit blieb nun einige Tage, dann hatte er es satt und kam zu 'Obeid und sagte: gieb mir etwas als Entschädigung, denn ich will fortziehen und diese Gègend verlassen. Da schenkte er ihm dreissig junge Kameele und jener zog fort und schloss sich wieder an seine Familie. Als nun die Banu Ḥanîfa und die bei ihnen befindlichen Bekr ben Waïl von einander hörten, wie es dem 'Obeid ben Tha'laba ergangen sei, kamen sie herbei, bis sie sich in den Ortschaften von Jemâma niederliessen. Auch Zeid ben Tha'laba ben Jarbû'[2]) kam herbei und als er seinen Bruder 'Obeid traf, sprach er zu ihm: lass mich bei dir in Ḥag̀r wohnen. Er antwortete: hier wohnt niemand bei mir, (indem er sein Glied erfasste), der nicht aus diesem hervorgekommen ist, aber jenes Dorf, aus welchem der Zobeidit abgezogen ist, mag dir gehören. Er entfernte sich nun und liess sich dort nieder unter Zelten theils von Baumwolle, theils von Kameelhaaren, und 'Obeid wohnte mit seinen Kindern in den Schlössern zu Ḥag̀r. Nach Verlauf von einigen Tagen sprach er zu seinen Söhnen: kommt mit mir zu unseren Beduinen, wir wollen uns ein wenig mit ihnen unterhalten und dann zurückkehren. Seit der Zeit ist der Name el-Bâdija, Beduinen, aufgekommen, Zeid ben Jarbû', Ḥabîb ben Jarbû', Caṭan ben Jarbû' und Mu'âwia ben Jarbû', diese sind es, welche die Beduinen unter den Banu Ḥanîfa genannt werden. Zeid fing dann an, die jungen Schösslinge der Palmen, ihre Kinder, zu entwöhnen (abzusenken) und dann zu verpflanzen, so dass sie allmälig heranwuchsen, und so machen es alle Beduinen. Ḥag̀r ist also der Hauptort von Jemâma, dessen Mittelpunkt und Sitz der Emire, und dahin werden alle Sachen gebracht.

Die übrigen Stämme von Rabî'a, als Bekr, Taglib, Gofeila, 'Anaza und Dhobei'a blieben in ihren Gegenden in den Hochlanden von Nag̀d, Ḥig̀âz und den Gränzgebieten von Tihâma, bis unter ihnen ein Krieg ausbrach, weil Gassâs ben Murra ben Dsuhl ben Scheibân den Koleib ben Rabî'a getödtet hatte. el-Namir und Gofeila verbanden sich mit den Banu Taglib und blieben bei ihnen; 'Anaza und Dhobei'a vereinigten

2) Aus dem folgenden ergiebt sich, dass bei Jâcût, Bd. 2. S. 210 besser Zeid ben Jarbû', Oheim des 'Obeid, genannt ist und es desshalb auch heissen muss: als er seinen Neffen 'Obeid traf.

sich mit Bekr ben Wâïl, und die Kriege und Schlachten hörten nicht auf, sie von einer Gegend zur anderen zu führen und von einem Lande zum anderen zu treiben, wobei die Taglib immer über Bekr den Sieg behielten, bis zum Tage von Qidha. Qidha ist ein Abhang des 'Âridh von Jemâma und 'Âridh ist ein Berg; Qidha ist drei Nachtreisen von Jemâma entfernt. Dies ist der Tag el-Taḥâluk d. i. des Haarabschneidens [3], an welchem die Bekr die Banu Taglib in die Flucht schlugen, so dass sie sich seit diesem Tage und diesem Treffen trennten und in verschiedene Gegenden zerstreuten, nämlich die Banu Taglib. Bekr ben Wâïl, 'Anaza und Dhobei'a breiteten sich von Jemâma weiter aus zwischen Baḥrein und den Gränzen der Niederungen von 'Irâk und seinen Höhen und von der Gegend von el-Ubulla bis Hît und in den angränzenden Ländern; el-Namir und Gofeila zogen sich zurück bis an die Gränze von Mesopotamien und 'Ânât und diesseits in die Gebiete der Bekr ben Wâïl und jenseits in die Gebiete der Cudhâ'a in den Syrischen Gränzlanden. el-Achnas ben Schihâb el-Taglebí, Anführer und Dichter, sagt hierüber, indem er die Niederlassungen der Stämme erwähnt [4]:

Alle Leute von Ma'add haben nach kleineren Stämmen
eine Gegend, wohin sie sich flüchten, und ein Gebiet.
Die Lukeiz haben Baḥrein und das ganze Ufer,
und wenn ein Unheil von Indien ihnen nahe kommt,
Zerstreuen sie sich hinter Ḥûsch, als wäre dies
eine Wolke, die ihr Wasser ausgegossen hat und umkehrt.
Die Bekr haben das Festland von 'Irâk, und wenn sie wollen,
tritt diesseits von Jemâma ein Hüter dazwischen.
Die Tamîm wohnen zwischen einer steinigen Höhe und einer Sandfläche,
sie haben einen Rückzug und Wege ins Gebirge.
Die Kalb haben Chabt und die Sandfläche 'Âlig
bis el-Ḥarra el-raglâ, wo sie Widerstand leisten.
Bahrâ ist ein Stamm, dessen Wohnsitz wir kennen,
ihnen stehen um el-Ruçâfa weite Wege offen.

3) Vergl. Ḥamâsa, S. 253.

4) Diese Verse bilden die Ergänzung eines Gedichtes in der Ḥamâsa, S. 346, wo von diesen nur der erste und letzte Vers vorkommen; Jâcût Bd. 4. S. 129 hat dieselben Verse, wie Bekrí, und einige aus der Ḥamâsa dazwischen.

Die Ijâd streifen in el-Sawâd hinein und ausser ihnen
suchen fremde Reiterschwärme, wen sie überfallen könnten.
Und wir sind Leute, die keinen Schutz in ihrem Lande haben,
beim Regen werden wir nicht angetroffen, und wie viele sind weit entfernt!

Zerstreuung der Mudhar. Nach dem Abzuge der Rabî'a aus Tihâma blieben die Mudhar ben Nizâr beständig in ihren Niederlassungen in Tihâma und den angränzenden Gebieten, bis ihre Stämme sich schieden, ihre Zahl und ihre Familien sich mehrten und ihre Wohnungen ihnen zu enge wurden; da suchten sie weitere Gegenden, die ihnen Unterhalt gewährten, sie folgten dem Futter und dem Regen und suchten einer vor dem andern die Wohnplätze und Niederlassungen zu besetzen; einer widersetzte sich dem anderen, es kam zu offenen Kämpfen, bis die Chindif über Qeis den Sieg davon trugen. Andere sagen, Gazîja ben Guscham ben Mu'âwia ben Bekr ben Hawâzin sei ein Zechbruder des Rabî'a ben Ḥandhala ben Mâlik ben Zeidmenât ben Tamîm gewesen und als sie eines Tages mit einander tranken, stürzte sich Rabî'a ben Ḥandhala auf Gazîja ben Guscham und tödtete ihn. Die Qeis forderten nun von Chindif das Lösegeld und als die Chindif es nicht bezahlen wollten, kam es zum Kampfe; die Qeis wurden in die Flucht geschlagen und zerstreuten sich. Darüber sagt Firâs ben Ganm ben Tha'laba ben Mâlik ben Kinâna ben Chozeima:

Wir standen den Qeis als Feinde gegenüber am Morgen von Bârik
mit glänzenden neu polirten scharfen Schwerdtern.
Wir haben sie geschlagen, bis sie flohen und verlassen wurden
die Niederungen, welche an jenem Tage von Mâlik in Besitz genommen wurden.

Die Qeis zogen nun fort von Tihâma und begaben sich mit Ausnahme einiger Stämme nach den Ländern von Nagd, so dass sie bis an die Gränzen von Gaur in Tihâma vordrangen; die Hawâzin ben Mançûr ben 'Ikrima ben Chaçafa ben Qeis liessen sich nieder in dem Gebiete zwischen Gaur Tihâma bis in die Nachbarschaft von Bîscha, Birk, der Gegend des Sarât, el-Ṭâïf, Dsul-Magâz, Ḥonein, Auṭâs und die nächst gelegenen Districte. Hiernach wurden die Nachkommen des Mudrika und Ṭâbicha, der beiden Söhne des Jâs ben Mudhar wegen der Niederlassungen uneins, da sie ihnen zu eng waren, es entstand zwischen ihnen ein Krieg, die Mudrika siegten über die Ṭâbicha und die letzteren zogen aus Tihâma fort bis nach den Hochlanden von Na'gd und Ḥi'gâz; die Mozeina ben Udd ben Ṭâbicha gingen vor bis in die Berge Radhwá, Cuds und Âra und die benachbarten und nächst gelegenen Gegenden von Ḥi'gâz; die Tamîm ben Murr ben Udd ben Ṭâbicha, Dhabba ben Udd ben Ṭâbicha und 'Okl ben Udd drangen in die bewohnten und unbewohnten Gegenden von Na'gd ein und nahmen Besitz von den Niederlassungen der Bekr ben Taglib, welche sie während ihrer Kriege inne gehabt hatten, und gingen dann weiter, bis sie sich auf der Gränze von Ha'gar zwischen el-Jemâma und Ha'gar niederliessen. Die Banu Sa'd ben Zeidmenât ben Tamîm drangen vor bis nach Jabrîn und den dortigen Sandflächen, bis sie sich mit den 'Âmir ben 'Abd el-Qeis in deren Gebiete Çatar vermischten, eine Abtheilung von ihnen wandte sich nach 'Omân und einzelne Horden von ihnen lebten in den Gegenden zwischen den Gränzen von Baḥrein bis in die Nähe von Baçra und bezogen dort die Niederlassungen und Plätze, wo sie Wasser fanden, welche den Ijâd ben Nizâr gehört hatten und von diesen verlassen waren, als sie nach 'Irâk fortzogen. Einige Stämme von Mudrika ben el-Jâs ben Mudhar blieben in Tihâma und den benachbarten und nächst gelegenen Gebieten; so gab es Mudrika in der Gegend von 'Arafât, 'Orana, Baṭn Na'mân, Ro'geil, Kabkab und el-Baubât, und ihre Nachbaren waren hier einige Abtheilungen der hinteren Hawâzin. — Die Hudseil besassen einige der Sarât Berge mit den westlichen Ausgängen ihrer Thäler und Schluchten; die Wasserwege dieser Schluchten und Thäler gingen nach den Niederlassungen der Stämme von Chuzeima ben Mudrika und die Nachbaren der Hudseil in ihren Bergen waren Fahm und 'Adwân, die beiden Söhne des 'Amr ben Qeis 'Ailân. — Die Chuzeima ben Mudrika liessen sich unterhalb der Hudseil ben Mudrika nieder und dehnten sich in jenen Senkungen bis ans Meeresufer aus, so dass die Thäler, deren Ausgänge und oberen Theile die Hudseil inne hatten, so wie die Schluchten der Sarât Berge, welche die Hudseil bewohnten, ihr Wasser nach ihnen hin ergossen; sie lebten also zwischen [5]) und den westlichen

5) In den Handschriften fehlt ein Wort, vielleicht: zwischen der Meeresküste.

Sarât Bergen. — Die Nachkommen des Nadhr ben Kinâna ben Chuzeima blieben in der Umgegend von Mekka und den benachbarten Gebieten, dort ist der grösste Theil von ihnen, welche alle ihr Geschlecht auf el-Nadhr ben Kinâna zurückführen. Eines Tages sassen 'Âmir ben Luweij und Sâma ben Luweij bei Mekka zusammen und tranken, da entstand zwischen ihnen ein Wortwechsel, bis Sâma, welcher rechthaberisch war, dem 'Âmir ein Auge ausschlug; er begab sich sogleich auf die Flucht, bis er nach 'Omân kam, wo er sich mit Nâgia, einer Tochter des Garm, verheirathete, wie oben (S. 44) erwähnt ist; andere sagen, er habe eine andere geheirathet. Die Banu Sâma wurden in 'Omân ein für sich bestehender mächtiger Stamm, voll Muth, Kraft und Standhaftigkeit, und auf sie bezieht sich das Gedicht des Musajjab ben 'Alas el-Dhube'i:

> Sâma lebte unter seinem Volke,
> er hatte zu Essen und zu Trinken;
> Da thaten sie ihm Schimpf an, was ihm nicht angenehm war,
> Beschimpfen aber war in ihrem Lande Sitte.

Das weitere siehe oben. — Die Nachkommen des Fihr blieben in der Umgegend von Mekka, bis Cuçeij ben Kilâb sie zur Niederlassung auf dem heiligen Gebiete veranlasste; in Mekka selbst hatte keiner gewohnt. Hischâm sagt nach el-Kalbí: die Leute pflegten die Wallfahrt zu machen und dann sich wieder zu zerstreuen, so dass Mekka ganz leer blieb und niemand darin wohnte. Die Cureisch der Unterstadt sind nun diejenigen Nachkommen des Fihr, welche mit Cuçeij dort einzogen und die Cureisch der Oberstadt von den Nachkommen des Fihr sind Teim el-adram ben Gâlib ben Fihr, Ma'îç ben 'Âmir ben Luweij und Muhârib und el-Ḥârith, die beiden Söhne des Fihr; dies sind die Cureisch der Oberstadt und die übrigen Cureisch sind Unterstädter mit Ausnahme der Familie des Abu 'Obeida Ibn el-Garrâḥ, nämlich der Banu Hilâl ben Oheib ben Dhabba ben el-Ḥârith ben Fihr, und der Familie des Sahl und Suheil, der beiden Söhne der Beidhâ, nämlich Hilâl ben Mâlik ben Dhabba ben el-Ḥârith ben Fihr, denn diese bezogen mit Cuçeij die Unterstadt und sind also Unterstädter.

Dies ist die Geschichte der Trennung der Ma'add und ihrer Niederlassungen und Wohnsitze zur Zeit des Heidenthums, bis der Islâm erschien. In Hi'gâz wohnen von den Arabern die Asad, 'Abs, Gaṭafân, Fazâra, Muzeina, Fahm, 'Adwân, Hudseil, Chath'am, Salûl, Hilâl, Kilâb ben Rabî'a, Ṭajjí (Asad und Ṭajjí sind Verbündete) und Guheina, sie haben sich in den Bergen von Ḥi'gâz niedergelassen, nämlich in el-Asch'ar, el-A'grad, Cuds, Âra und Radhwá und sind bis in die Ebene von Baṭn Idham gekommen. Einige Stämme von Balí bewohnen Schagb und Badá zwischen Teimâ und Medîna; die Thakîf und Ba'gîla bewohnen die Stadt el-Ṭâïf; die Wohnungen der von diesen abstammenden Chath'am sind in Turaba, Bîscha und hinter Tabâla an der Pilgerstrasse von Mekka nach Jemen und sie haben sich mit den Hilâl ben 'Amr vermischt; das eigentliche Tabâla gehört den Banu Mâzin. Die Behausungen der Salûl liegen in dem Districte von Medina und die Niederlassungen der Azd Schanûa sind in dem Sarât nach Sonnenaufgang einander gegenüber liegende Thäler bei Tathlîth, Turaba und Bîscha; der mittlere Theil dieser Thäler gehört den Chath'am, wie eben erwähnt ist, und einigen Stämmen von Madsḥi'g und diese Thäler ergiessen sich in das Land der Banu 'Âmir ben Ça'ça'a. Die in Ḥi'gâz zurückgebliebenen Reste von Guscham, Naçr ben Mu'âwia und von den Nachkommen der Chaçafa ben Qeis leben in el-Harra, Harra Banu Suleim und Harra Banu Hilâl, und in der Stadt el-Rabadsa bis nach den Ortschaften von Turaba und haben sich mit den Kilâb ben Rabî'a vermischt. Alle diese gehören zu den Bewohnern von Ḥi'gâz. In Na'gd liessen sich von den Arabern nieder die Banu Ka'b ben Rabî'a ben 'Âmir, deren Wohnsitz el-Fala'g und die es umgebende Wüste ist. Die Ṇumeir ben 'Âmir, Bâhila ben Ja'çur und sämmtliche Teim hatten sich in Jemâma niedergelassen und wohnten dort, bis sie darüber mit den Rabî'a ben Nizâr in Streit geriethen.